忘れられた日本史の現場を歩く

辰巳出版

八木澤高明

忘れられた日本史の現場を歩く　目次

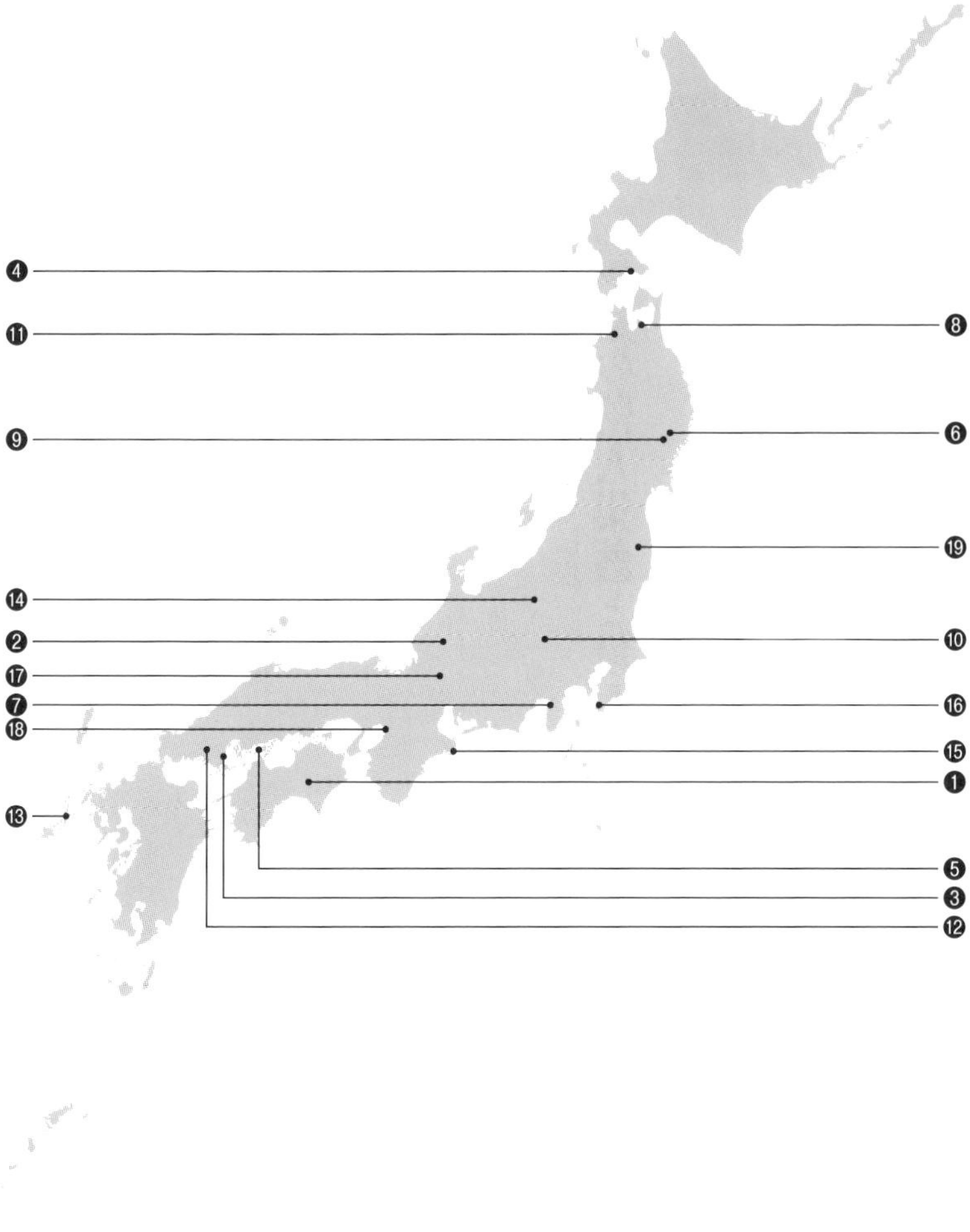
④
⑧
⑪
⑥
⑨
⑲
⑭
②
⑩
⑰
⑦
⑯
⑱
⑮
①
⑬
⑤
③
⑫

はじめに

忘れられた日本史というと、ちょっと堅苦しいかもしれない。私が歩いたのは、つい最近まで人々の記憶に残っていた景色であり、日常生活で普通に見られた光景である。

私は幼い頃から、歴史に興味があり、小学校二年生のときに源義経の子ども向けの伝記を読んだことが、歴史と触れ合うきっかけとなった。その後、私の故郷である神奈川県横浜市戸塚の地域が、歴史を紐解いていけば、源氏との縁が深く、源義経を祀った白旗《しらはた》神社もあり、親族はその氏子であることも知った。遥か遠い昔の出来事だと思っていたことが、いつも見慣れた景色の中にあると知ったときに感じた、驚きや喜びといったものが、日本各地に残る〝忘れられた日本史〟を歩くきっかけとなった。

今回、北海道から九州まで、消えつつある風習や歴史の記憶を辿って旅をはじめたわけだが、改めて日本列島には、祖先が幾世代にもわたって、連綿と積み上げてきた深い歴史があることを知った。私が好んで歩いてきたのは、アイヌの人々の歴史であったり、東北の蝦夷、江戸時代の大飢饉の記憶、悪所と呼ばれた色街、明治時代に海を渡った日本人の娼婦からゆきさん、歴史的に弾圧されてきたキリシタンなど、どちらかというと、由緒正しきものではなく、悲劇や血に彩られた哀しい歴史であった。

それらは、記録に残ることは少なく、公的な記録からは弾かれることが多い歴史的な事象でもある。

歴史上、陽の当たらない土地からと土地へと巡ったのが、今回の旅でもある。新型コロナウイルスの大流行によって、旅は制限されていたが、それもほぼ終息し、今は自由に思いのままに旅ができる環境になった。

忘れられてしまった歴史を再発見するためにこの本を旅の友にして、各地を巡ってもらえれば嬉しい。

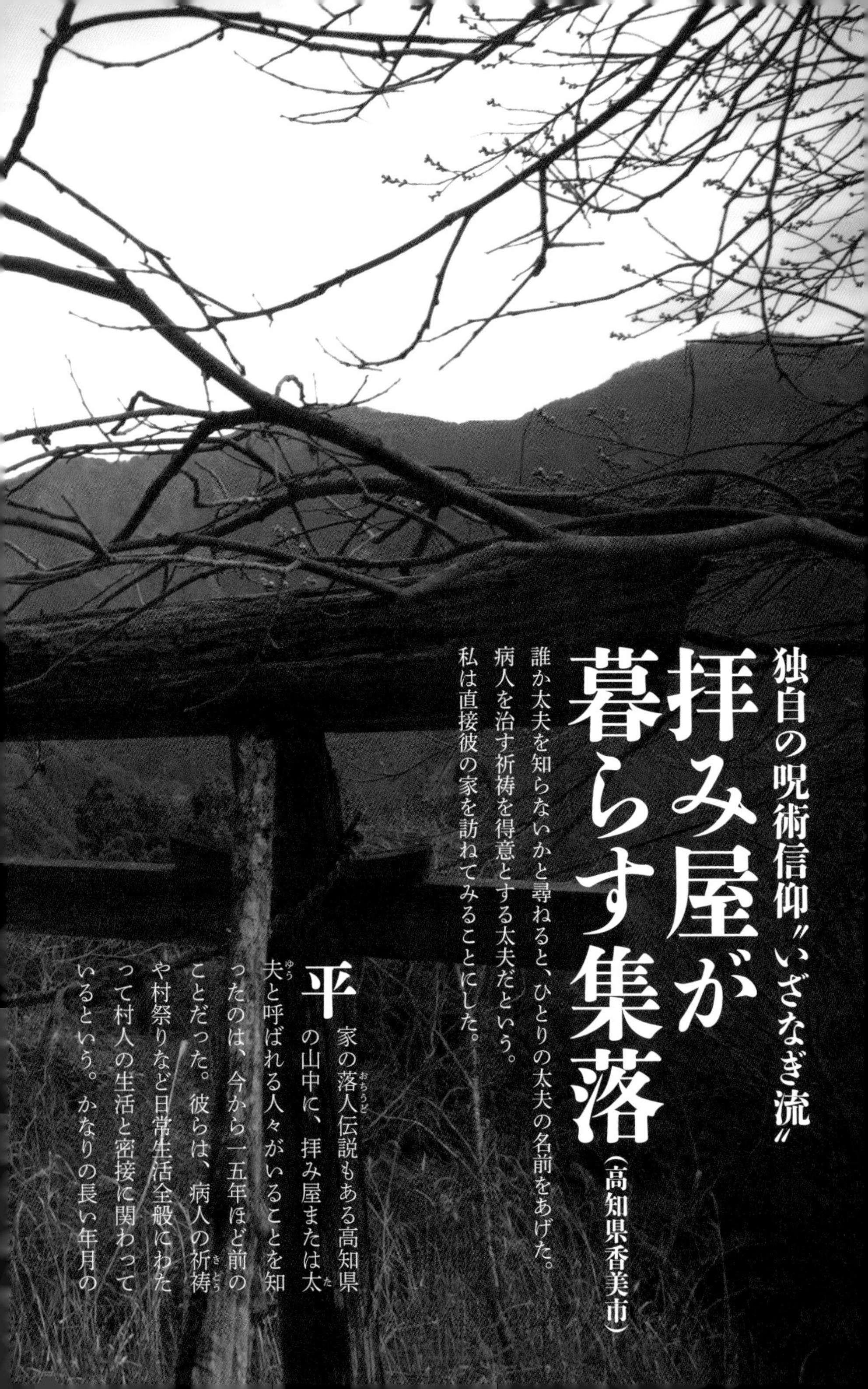

独自の呪術信仰〃いざなぎ流〃

拝み屋が暮らす集落（高知県香美市）

誰か太夫を知らないかと尋ねると、ひとりの太夫の名前をあげた。病人を治す祈祷を得意とする太夫だという。私は直接彼の家を訪ねてみることにした。

平家の落人《おちうど》伝説もある高知県の山中に、拝み屋または太《た》夫《ゆう》と呼ばれる人々がいることを知ったのは、今から一五年ほど前のことだった。彼らは、病人の祈祷《きとう》や村祭りなど日常生活全般にわたって村人の生活と密接に関わっているという。かなりの長い年月の

中で、村へと届いた仏教や神道、陰陽道《おんみょうどう》が入り混じった独特な信仰はいざなぎ流とも呼ばれる。

太夫が扱ってきたのは、人間の心である。病気の治療や、精神的な不安をケアするだけではなく、時には村人からの依頼で呪いをかけることもあったという。当然、そうした裏の事実は表に出てくることはない。果たして事実はいかなるものなのか、今も現役の太夫がいるという高知県物部村《ものべそん》（現・高知県香美市《かみし》物部町）へと向かった。

高知市内から車で約一時間半、山道を走って物部村の別府《べふ》地区に着いた。事情を知っていそうな地元の方に拝み屋について尋ねてみると、私にとって予想外の答えが返ってきた。

「この部落には太夫さんはいませんよ。そんだからもう何年も祭りはやってないんですよ」

　以前から太夫の高齢化が進み、この集落では数年前に最後の太夫が亡くなってしまった。他の集落ではどうなのかと尋ねても、首をひねるばかりで、はっきりとしたことはわからないという。

　別府地区の中に中尾という小さな集落がある。そこにはいざなぎ流開祖の墓もあり、何らかのヒントが掴《つか》めるのではないかと思った。中尾集落は一ヶ月前に林道が通ったばかりで、それまでは一時間以上山道を歩かねばたどり着けなかった。まさしく陸の孤島であり、今テレビで放送されている『ポツンと一軒家』にも出てくるような場所だった。

　車一台通るのがやっとの林道を二〇分ほど走り、三軒の家が斜面にへばりつくように建っていた。中尾集落に着いたのだ。

　集落の中には、今にも倒れそうな鳥居があり、そこにいざなぎ流の開祖を祀《まつ》る小さな祠《ほこら》があった。この集落にはひとりの太夫が暮らしていたのだが、私が訪ねる七年前に亡くなっていた。集落に暮らす六〇代の男性が言う。

「きちんとした伝統を踏まえて儀式を取り仕切ることができる太夫さんは彼が最後だったんじゃないでしょうか。太夫さんにも得意不得意があって、祭りを取り仕切る

現場周辺地図

長年にわたって人々が祈りを捧げてきた祠が残されていた

山の斜面に３軒の民家があった中尾集落。かつての移動手段は人の足のみだった

のが得意の太夫さんもいれば、病人を治すのが得意な太夫さんもいる。この部落の太夫さんは祭りを得意としていたんです」

　誰か太夫を知らないかと尋ねると、しばらく考えてから、ひとりの太夫の名前をあげた。病人を治す祈祷を得意とする太夫だという。私は直接彼の家を訪ねてみることにした。

　中尾集落から別府地区に戻り、車を走らせること四〇分ほど、神池地区にひとりの老人が暮らしていた。彼の名前は為近《ためちか》幾樹《いくき》、年齢は当時九七歳。いきなり訪ねたにもかかわらず、老人は元気な声で私を迎えてくれた。

「わしが最後じゃろうな、しっかりと修行したのは。昔は村の中に行《ぎょう》場《ば》があって、真冬に滝に打たれたりして、精神的な修行をしたもんじゃよ。今じゃ誰もやらんな。精神を磨かんで、ただやり方を形だけ真似るようじゃ、法を使っても効かないんじゃよ。昔の行者は、岩を割ったりそうしたことができたんじゃ」

昔は各集落に二、三人の太夫がいたというが、時の流れの中でその数はどんどんと減っていた。

そもそも物部村にいざなぎ流の信仰が根強く残ってきたのは、この土地が山間部の僻地《へきち》だったことが大きな理由である。人々が病気になっても、この山の中に医者はなく、太夫の祈祷が薬代わりとなった。私は、かつてネパールの山間部で、ゲリラの取材をしたことがあったが、彼《か》の地も医師などはおらず、人々の病気を治すという祈祷師がいた。

「昔から祈れ、くすれ（薬を飲ませろ）と言って、まずは祈ってもらう。それでも治らんかったら医者へ連れていく、それがここでのやり方だったんじゃよ」

病気以外にも狐憑きや犬神憑きなどの、かけられた呪いを解くのも太夫の役目だった。

「犬神憑きだという人が来ると、ワンワン吠えるんじゃよ。狐の場合はコンコン言うし、蛇の場合は

太夫の家に飾られていたしめ縄、御幣。祈りが日常生活の中にあった

村には安徳天皇が逃れてきたという伝説があり、その霊を鎮める祈祷をしたときの写真を見せてくれた

祈祷に用いられる人形の御幣。様々な形の御幣がある

為近大夫が祈祷に使う太鼓が部屋の片隅に置かれていた

蛇みたいに這《は》うんじゃよ。憑き物は、祈祷じゃないと駄目なんじゃ。心の病気はいくら薬を飲んでも治らん。祈祷は言葉で心の問題を治す。医者に掛かっても治らないものが祈祷で治るんじゃ」

　人の心を扱ういざなぎ流では、人の心の闇も扱ってきた。私は呪いを行う太夫の存在についても尋ねた。

「それは人間の常じゃけんね。人を呪ったりする太夫もおったよ。わしも頼まれたことがある。わざわざ東京から訪ねてきてな。わしらは呪いを防ぐために呪いの掛け方も知ってなくちゃならん。だから人を呪おうと思えばできるんじゃ。だけどな昔から、人を呪わば、穴二つってな、相手の穴だけでのうて、自分の穴も掘らなきゃいけんのよ。結局は自分に返ってくるん

温和な表情で語る太夫。物部村は過疎化が進んでいる。太夫は師資相承のため、その先行きは明るくない

じゃ。この世の中じゃ人を殺したら罪になる。呪いも同じじゃ、神様が見てるんよ」

　かつて、人々は闇を畏《おそ》れ目に見えないものを敬い生きてきた。それゆえに太夫の言葉や祈りといったものが、人々の病を治してきた。時代が移り、一見テクノロジーの進化とともに太夫の存在価値は薄れている。ただ、人間の心の闇は消えることはない。昨今のネット社会を見ていると、むしろ闇が広がっているようにも思える。

　人間の心の表も裏も、美しさも、汚らしさも見つめ続けてきた為近太夫は、穏やかな口調でしみじみと言う。

「人間が一番難しいぞよ」

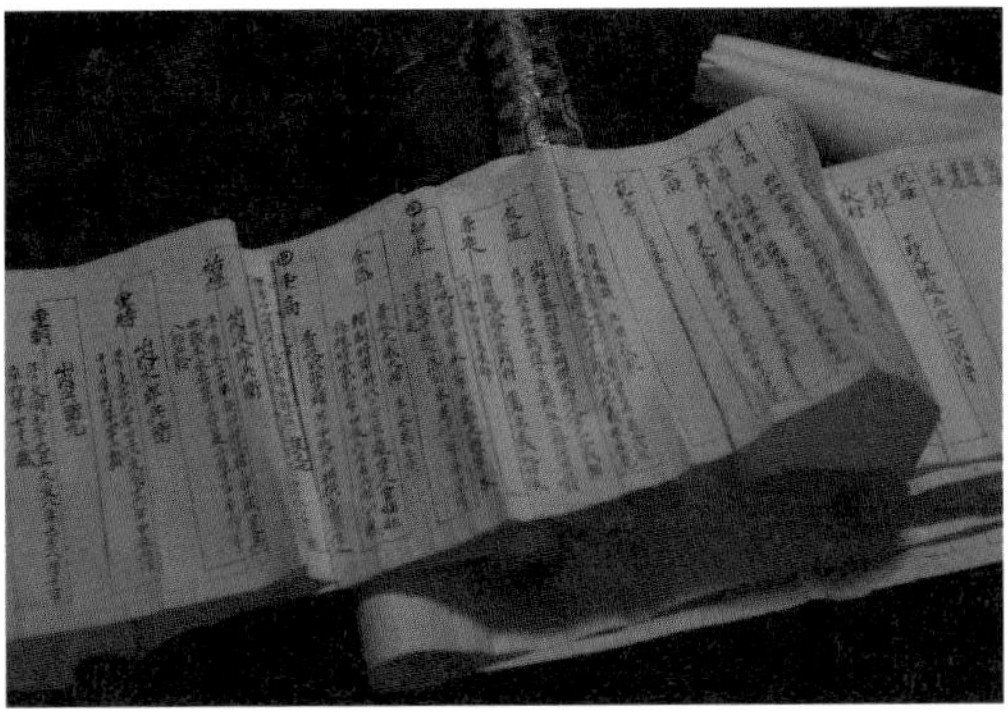
家に伝わる分厚い系図。ルーツは平家の落人に行きつくという

ほんの一部だったが、実際に祈祷のやり方を見せてくれた

供物が捧げられている太夫の家の祭壇

パンデミックの悲劇

面谷村

（福井県大野市）

雑草が生い茂った墓地には、いくつもの墓が残されていた。
スペイン風邪の死者のほとんどは、
戒名もつける間もなく葬られたこともあり、墓はない。

渓谷を挟んで目の前には赤茶けた岩肌を露出させた山並みが迫ってくる。私がいる斜面には、かつて人々が暮らした集落があった。家があったと思われる場所は、斜面を削りとって整地した痕跡が残っていた。ただ、建物はどこにもない。

急な斜面を整地したこともあり、家の敷地は小さな長屋がやっと建つほどの広さだ。段々畑のようになった集落跡には、膝の高さほどの雑草が生い茂っていた。人の匂いがするものといえば、ところどころに残った低い石垣とわずかな土地の隅のトイレの跡だろうか、どの家の場所にもほぼ正方形の木枠があって、一メートルほどの穴が掘られているのだった。

私がこの土地を訪ねたのは、一〇月のはじめということもあり、少しずつ山の木々が色づきはじめていた。あとひと月もすれば、山間部のこの土地には雪が降る。時おり寒気を含んだ風が首元を撫《な》でた。

私は福井県大野市にかつて存在した村にいた。その村の名前は面《おも》谷村《だにむら》。

岐阜県との県境に近い場所にある九頭竜《くずりゅう》ダムから、さらに山奥へと続く砂利道を走ると、面谷村跡へとたどり着くことができる。

今では誰ひとり暮らす者はいないこの土地だが、一九一四（大正三）年のピーク時には、三〇〇〇人もの人々が暮らしたという。人ばかりでなく、鳥などの野生動物の気配も感じられない現在の姿からはにわかに想像しがたい。

当時は、生活必需品を売る食料品店はもちろんのこと、郵便局や図書館、呉服屋、時計店、芝居小屋まであった。人々で溢れ、さながら都会を山間の土地に持ってきたような雰囲気だったという。

それほどまでにこの村が栄えた理由は、銅鉱山が存在したことにあった。

面谷村の鉱山開発には、二つの説があり、平安時代に開かれたという説と、室町時代に猟師が鉱山を発見したというものだ。その後、戦国時代には、畿内の豪商が採掘に携わり、面谷で採掘された銅は堺などに運ばれ、南蛮貿易の輸出品のひとつになった。安土桃山から江戸時代初期、日本は世界一の銅産出国であり、その一翼を担《にな》ったのだった。この小さい無人の谷が世界とグローバルに繋がっていた。同じ言葉の繰り返しになるが、この谷を見て誰がかつての姿を想像できるだろうか。

その後の明治時代、近代国家へとあゆみはじめていた日本にとって、足尾銅山の例をあげるまでもなく、銅は国を支える貴重な輸出品であった。平安時代から数えると一〇〇〇年近い歴史を刻んできたのだ。

鉱山の村として栄えた面谷村が悲劇に見舞われたのは、三〇〇〇人が暮らした一九一四年から四年後のことだった。

現場周辺地図

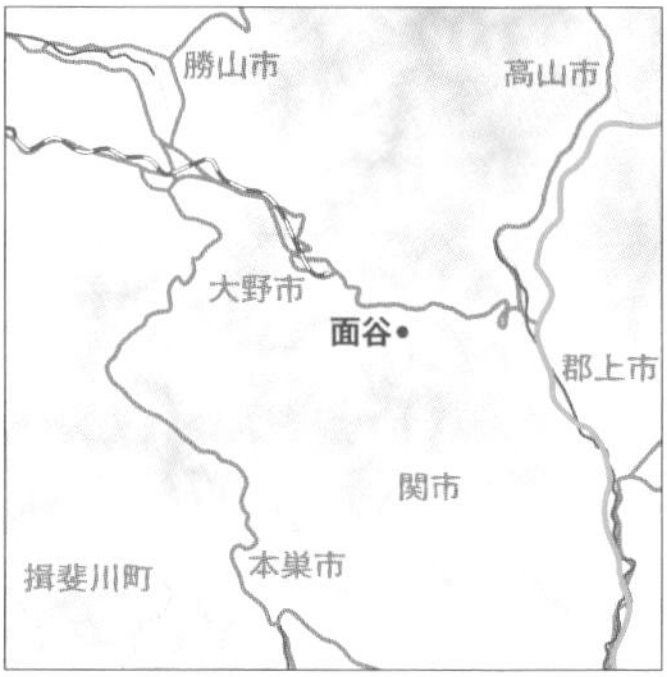
勝山市
高山市
大野市
面谷
郡上市
関市
揖斐川町
本巣市

写真234　全盛時の面谷鉱山全景　大正4、5年頃
水は枯れているが手前が面谷川。左の道路が大野に通じている。
中央の煙突を中心に、選鉱場、精錬所などの鉱山施設が建ち、鉱夫たちの住居は左上の山肌に棟を並べ集落を形成。

鉱山が操業し、人々が暮らしていた頃の写真

集落跡からほど近い場所には、神社もあった

つい数年前には、日本をはじめ世界では未知のウイルスである新型コロナウイルスが猛威を振るい、多くの困難に襲われたのは記憶に新しい。人類はこれまで様々な流行病と闘い続けてきた。

新型コロナウイルスと同じように今から一〇〇年ほど前の世界を恐怖に陥れた病がある。インフルエンザが引き起こしたパンデミック、スペイン風邪である。世界中で五億人が感染したと言われ、一説には約四〇〇〇万人が死亡したという。日本では約三八万人が亡くなった。ちなみに新型コロナウイルスの死者は、二〇二四年になって一〇万人を超え、いまだに脅威ではあるものの、スペイン風邪のパンデミックが、多くの人々を恐怖に陥れたことは容易に想像がつく。

　一九一八（大正七）年三月、アメリカ陸軍のキャンプにおける流行からはじまったとされるスペイン風邪は、第一次大戦に従軍したアメリカ軍兵士からヨーロッパ戦線に広まっていった。そこからさらに世界中に拡散したのだった。ちなみにスペイン風邪と呼ばれるのは、戦時中ということもあり、ヨーロッパの参戦国は病気に関して報道規制をしていた。当時、中立国であったスペインのメディアが報じたことが初出となり、スペイン風邪の名称がついたのだった。

　日本でスペイン風邪が大流行したのは、アメリカで発症者が出てから半年ほどが過ぎた一九一八年一〇月のことだった。当時、福井県では成金風邪と呼ばれた。第一次大戦の好景気で成金が増えたことから、その名がついた。福井県の人口はその時代約六〇万人で、その約四割が感染し、約五〇〇〇人が亡くなった。

住居跡を訪ねてみると、ビール瓶が残されていた

　福井県に成金風邪のニュースが流れた頃に面谷村にもスペイン風邪が運ばれてきた。

　斜面にある住宅地からさらに沢の上流に向かって歩いていくと、墓地と火葬場があった場所にたどり着く。そこには、南無阿弥陀仏

村人の死体が焼かれた火葬場の跡

鉱山のあった谷は木々に覆われていて、往時の面影はない

鉱山跡へと続く山道。大量の鉱滓が残されていた

鉱山跡の斜面では、当時の遺構を見ることができる

レンガ造りの遺構は、時代を超えて、鉱山が存在したことを後世に伝えている

鉱山跡に暮らす者はいないが、スペイン風邪で亡くなった村人の墓が残されていた

と刻まれている石碑が残されている。それによると、鉱山は一九一四年以降斜陽に向かい、スペイン風邪が流行した当時、人口は一〇〇〇人に減っていたという。それでもまだまだ活気があり、村の劇場で慰安会が催された。村の医師は成金風邪が流行っているから注意しろと助言したというが会は開かれたのだった。その慰安会からしばらくして、患者が出はじめると、瞬《またた》く間に広がり、九〇〇人以上が感染、九〇余名が死亡する事態となった。

　村の火葬場は一日に火葬できるのは一〇名ほどだった。次々と運ばれてくる死者に、火葬は間に合わず、遺体は小屋に保管しなければならなかった。火葬に当たったのは、スペイン風邪に感染しなかった数名の若者で、まさに寝る暇もなかったという。

　翌年になって、ようやく流行は収まったが、世の中の不景気も重なって、銅の価値が下がり鉱山は閉鎖され、村は廃村となったのだった。

　雑草が生い茂った墓地には、いくつもの墓が残されていた。この村のスペイン風邪の死者のほとんどは、戒名をつける間もなく葬られたこともあり、墓はない。墓碑を見てみると、古くは江戸時代のものがあり、村の歴史の古さを物語っているのだった。火葬場の跡には、細かく砕けた骨を埋めたという大きな穴が今も残されていた。

　廃村となった後、鉱山が復活したこともあり、人々が戻ってきた面谷村だったが、かつての繁栄を取り戻すことはなく、再び廃村となり今日に至る。

　村人たちが暮らした住宅跡をもう一度歩いてみると、土に半分埋もれたビール瓶があった。私が唯一目にした生活の匂いだった。キリンビールと書かれたカタカナの文字は、現代のように左からではなく、右から書かれていた。戦前のもので、一日の労働を終えた炭鉱夫が飲み干したものだろう。人が生きた証を目にして、私はほっとした気になったのだった。

インドから帰ってきた女性

からゆきさんがいた村（山口県岩国市）

冷静に考えてみれば、インドから帰国した当時、二六歳だったトナ。仮に七〇歳まで生きていたとしたら、一九五〇年代の半ばまでは生きていたことになる。

明治から昭和の戦前にかけて、日本から主にアジアに出て体を売った娼婦はからゆきさんと呼ばれた。ちなみにアメリカで体を売った娼婦たちのことは、あめゆきさんと言った。当時、日本人の女性が海外で体を売ることは珍しいことではなかった。

主に、九州の天草《あまくさ》が多くのからゆきさんを生んだことで知られているが、中国山地を抱える山口県や広島県もからゆきさんが少なくなかった。私は、マレーシアやインドネシア、ミャンマーなどでからゆきさんの墓を訪ねては手を合わせてきたこともあり、からゆきさんがどのような土地から旅立っていたのかは常に興味を持っている。

明治時代に山口県岩国市出身の女性がからゆきさんとしてインドのボンベイへ身売りされたという事実を知ったのは数年前のことだった。女性の名前は相川トナという。彼女の出身地は岩国市の阿品《あじな》というところだ。その集落は、岩国の人であっても、知らないような山の中にある。トナのことを知ったのは、北九州の門司《もじ》を訪ねたときに、『門司風俗志』という郷土史を読んだからだった。

その資料によれば、岩国市阿品出身の彼女は一九〇七（明治四〇）年、二三歳のときに岡山県の紡績工場で働いていた。どこで知り合ったのか、門司の鎌田相吉とその内縁の妻に、清国の紡績工場で働けば、日本の三倍は稼ぐことができると持ちかけられ、門司へと誘われた。

　その言葉に飛びついたトナは、十数日門司に滞在した後、同じように甘言につられた女性一二人とともに石炭輸送船の船底に押し込められたのだった。

　船が着いた先は香港で、そのまま現地の女郎屋に売り飛ばされ、香港からシンガポール、さらにはボンベイまでたどり着いた。ボンベイで現地の客との間に子どもができ出産。生まれた赤子は現地人に売り飛ばされてしまったという。その後トナはボンベイで救助され、三年ぶりに日本に帰ることができたのだった。

　記事から、トナが日本に帰国したのは一九一〇（明治四三）年頃のことだった。その時代、日本は日露戦争に勝利し、政府や国民は日本を一等国と自負するにいたった。一方でアジア各地の色街で体を売るからゆきさんは、醜業婦《しゅうぎょうふ》と蔑《さげす》まれた。何ともアンバランスな、日本社会の現実をからゆきさんの姿は、くっきりと浮かび上がらせていた。

　岩国市内から車で二〇分ほどの場所にある阿品を訪ねた。ただ、彼女が帰国したのは百年も昔のことであり、誰も彼女のことを知らないだろうと、大きな期待は抱かずにいた。

　集落に入ってすぐの場所に一軒の雑貨屋があった。まずは、そこで何か手がかりが掴めないか話を聞いてみることにした。話を聞いたのは七〇代の男性だった。

「取材で来た者なのですが、相川トナさんという女性のことについて調べています。聞いたことはないでしょうか？」

　私の問いかけに、男性はあっさ

現場周辺地図

かつて門司は日本と世界をつなぐ玄関口だった

門司の街を望む丘には、江戸時代に遊廓で体を売った遊女の墓があった

りと言った。

「あぁ、トナさんなら、この先にある家に住んでおりましたよ。もう亡くなっておりますけどね。当時の家はもうないです」

思わぬ発言に私は驚いた。冷静に考えてみれば、インドから帰国した当時、二六歳だったトナ。仮に七〇歳まで生きていたとしたら、一九五〇年代の半ばまでは生きていたことになる。海外で暮らした年月より、日本での生活の方が長かったのだ。

それにしても、明治から大正、昭和と三つの時代を生きたトナにしてみれば、日本社会の変化をどのように見ていたのだろうか。そして、どのようにこの土地で暮らしていたのだろうか。

「トナおばさんは、どっか外国から帰って来たと聞いていたな。結婚もしないで、ずっと親戚の家に暮らしていましたよ」

「からゆきさんで、インドから帰ってきたとは聞いていませんか?」

「それは聞いていませんね。ただ、若い頃に相当苦労されたんだと思います。ちょっとおかしなことを言ったりしてました」

「どんな感じだったんですか?」

「ひとりでぶつぶつ話しているんです。こちらから話しかけても満足に言葉のやりとりができないんです」

未婚だったということが、彼女が経験したからゆきさんが大きく影響しているように思えてならない。おそらく故郷でも後ろ指を指されるようなことがあったのではないか。

彼女の記事が書かれた明治という時代は遠く昔話のような感覚すら持っていたが、彼女の故郷を訪ねて、トナを知る人と出会い、いきなり現実のものとして目の前に迫ってきたのだった。

「このあたりは、海外へ出稼ぎに行く人も多かったんですか?」

「たくさんいましたよ。うちの親族もハワイに行っていますよ。それこそ南洋にも行ったという話もいっぱいあります。あなたの言っ

相川トナが暮らしていた阿品地区。村の風景は昔と変わりはない

たからゆきさんのことも知っています。この辺の人は働き者が多かったから、成功する機会を求めて海外に行くことは厭《いと》わなかったんだと思います。それとご覧の通り、山も多くて田畑も少ないですから、貧しかったというのもその理由でしょう」

　ちなみに南洋とは、グアムやサイパン、パラオなどのミクロネシアの島々のことを言うが、戦前には多くの日本人がいたことでも有名だ。

　貴重な話をしてくれた男性にお礼を言ってから、私は地区の墓地へと向かった。もしかしたらトナの墓があるかもしれないと思ったのだ。墓地は水田を抜けた先の山《やま》裾《すそ》にあった。集落の民家は少しで

阿品地区の墓地一角に集められていた無縁墓。トナの墓もこの中にあるのだろうか

も日差しを得ようと、南に向いた斜面に密集しているが、墓地は北向きの斜面にあった。

　墓石を見ていくと、多くがトナと同じ相川姓だった。先ほどの男性によれば、明治時代になって平民も姓を名乗るようになった際、相川姓の地主から姓をもらった小作の人々が多かったからだという。

　すべての墓を見てまわったが、墓碑にトナの名前を見つけることはできなかった。山に囲まれた阿品の集落の様子は、おそらく彼女が生きていた時代と大きな変わりはないだろう。国や人の生活は変われど、山河の様相は悠久の時の流れとともにある。人の営みの儚《はかな》さを感じずにはいられなかった。

蝦夷に流れ着いた和人たちの城

志海苔館（北海道函館市）

二〇分ほど歩いただろうか、モノトーンの景色の中に緑色の芝生に覆われた小高い丘が冬の海に向かって胸を張るように突き出していた。私が目指す志海苔館だった。

函館市内からバスに揺られて、志海苔館《しのりたて》へと向かった。バスに乗ったときには、北国特有の鉛色をした陰鬱なぶ厚い雲の間から、かすかに陽が差していたのだが、志海苔館へと近づくにつれて、いつのまにか鉛色の雲が太陽に蓋をしてしまった。

うっかりしたことに、降りるべきバス停のひとつ前で、バスを降りてしまったこともあり、鉄のような色をした海から容赦なく吹き付けてくる風を正面に浴びながら、トボトボと志海苔館へと続く一本道を歩くはめになった。

冬の時期にこんなところを歩いているのはどんな物好きかという顔をして、すれ違う車の運転手がなめるような眼差しで私のことを

眺めていく。途中、頬っかむりをした老婆が前方からやってきたので、志海苔館への道はこの道でよいのかと尋ねると、皺《しわ》深い顔にさらに皺を寄せて、要領を得ない顔をした。何度尋ねても、表情は変わらない。仕方なく、志海苔の方角はどちらかと聞くと、老婆はようやく頷《うなず》いて、

「この道だよ」

と手短に言うと、足早に去っていった。

二〇分ほど歩いただろうか、モノトーンの景色の中に緑色の芝生《しばふ》に覆われた小高い丘が冬の海に向かって胸を張るように突き出していた。私が目指す志海苔館だった。

館の麓《ふもと》には丘を囲むようにして、民家が建っていた。軒先には、こ

の浜で採れたものだろうか、干された昆布が寒風に打たれていた。

　ここ志海苔に館が築かれたのは、室町時代のことだという。それ以前の志海苔館周辺は、もともと蝦夷《えみし》と呼ばれたアイヌや奥州から渡ってきた渡党《わたりとう》と呼ばれた和人が混在する土地だった。ちなみに館とは、東北や北海道の渡島《おしま》地方で作られた、中世の居館のことをいう。

　蝦夷《えぞ》が島《しま》と呼ばれた北海道が歴史の表舞台に登場してくるのは七世紀のことである。畿内に成立した大和朝廷は、東国へとその触手を伸ばしていき、七世紀に入ると東北へと進出する。『日本書紀』によれば、阿倍比羅夫《あべのひらふ》が秋田から日本海側を遡って、羊蹄山《ようていざん》の麓まで、蝦夷征伐の兵を向けた。

　一二世紀に入り、源頼朝により奥州藤原氏が滅ぼされると、その残党などが、北海道へ落ち延びた。彼らは、ウスケシと呼ばれた函館を中心にアイヌたちと混住しはじめた。畿内を中心とした中央集権国家が、東へ東へと支配権を拡大していくとともに、その周縁に暮らしていた人々が押し出される形で、北の果てである蝦夷が島へと渡ってきたのだった。

現場周辺地図

　鎌倉時代に成立した歴史書『吾《あ》妻鏡《づまかがみ》』には、京都の東寺《とうじ》に盗みに入った盗賊たち五〇人が北海道へと流されたという記述がある。北海道へと渡ってきたのは、落人ばかりではなかったのである。どちらにしろ、本州で暮らせなくなった人間たちの吹き溜まりが、ここ函館周辺だった。
　和人たちはアイヌの人々から隣人を意味するシャモと呼ばれた。応仁の乱など社会が流動化した室町時代に入ると、ますます蝦夷が島へと渡ってくる者が増えていっ

志海苔館から函館方面を望む

中世の北海道の歴史を今日に伝えている志海苔館。交易の拠点でもあり、大量の銅銭なども発掘された

た。

その時代、北海道の道南地方には、和人によって築かれた一二の館があった。そのうちのひとつが志海苔館だった。志海苔館を拠点としていたのは、小林太郎左衛門尉良景《よしかげ》という武将だった。

小林氏の祖先は後醍醐天皇に仕え鎌倉幕府倒幕を画策した万里小《までのこう》路《じ》藤房《ふじふさ》の配下で、藤房が倒幕に失敗し、東国に流されるとそれに従い、その後十《と》三《さ》湊《みなと》を拠点とした安藤氏を頼り、蝦夷へと渡ってきたのだという。

室町時代から戦国時代にかけて、下克上という時代状況の中、北条早雲などの例をあげるまでもなく、室町幕府の権威が失墜し、日本各地で守護大名を打ち倒す者たちが

志海苔館の目の前に広がる湾は、交易品である昆布の産地としても知られている

現れた。成り上がった者やその子孫たちは、摂関家や源氏や平氏にその出自を持った家系図を作らせ、己の出自を偽るのは普通のことだった。

この小林良景なる人物も、日本国内のいずれかの地から、蝦夷へと流れてきて、己の家系を偽ったことは充分に考えられる。既存の権威が失墜すると、人々はその一昔前の時代の権威にすがるというのは、どの時代でも見られることなのかもしれない。

志海苔館を拠点とし、城を築いたのは、小林氏であったと言われているが、実のところ、この城を築いたのは誰なのかはっきりとした記録は残っていない。

一説には、チャシと呼ばれるア

1457年に発生したコシャマインの乱で志海苔館は陥落した。道南にあった館のうち10の館が落ちたという。

イヌの砦であったという説もある。北海道には道東を中心に約五〇〇ヶ所のチャシがあると言われているが、すべては一七世紀に入ってからの松前藩の記録に頼っていることもあり、それもまた、はっきりしたことはわかっていない。

三〇メートルほどの小高い丘に築かれた志海苔館の手前には志海苔川という細い川が流れている。この川が砂金を算出し、鍛冶村《かじむら》が築かれていたというが、今となっては、平凡な小川である。

丘の頂上にある本丸へと足を運んでみると、城は本州の城とは一風変わっていて、方形をしていた。何となく、奈良時代に築かれた宮城県の多賀城を彷彿《ほうふつ》とさせる縄張りである。

ただ、城の正面と西側には二重の壕《ほり》が掘られていて、その様式は堀の底がV字形をした薬研堀《やげんぼり》である。間違いなくこの城に和人たちの手が入っていることを物語っていた。

見たところ、戦国時代に本州の城で造られた馬出しや虎口《こぐち》といった防御施設はなく、中世の武士の館を大きくしたといった雰囲気がぴったりである。

城から見下ろせる、民家が建っているあたりには、今から約六〇〇年前、和人たちが暮らす集落があり、白波が打ち寄せている漁港は、日本各地だけでなく、中国大陸とも繋がる開かれた港であった。目の前の海は、大陸から交易のための船が寄港する、今の景色からは想像できない国際色豊かで華やかな匂いに包まれていたのだ。

のちに、この城下町の和人の鍛冶屋が、アイヌとの間に諍《いさか》いを起こし、コシャマインの乱の原因となっている。その乱で城主の小林良景は討ち死にした。その後、交易の中心は蠣崎《かきざき》氏の治めていた松前に移り、この地に光が差すことはなかった。

今ではアイヌと和人の間に激しい戦いがあったとは思えないほど、穏やかな空気が流れている

かつて栄えた風待ちの港

大崎下島

（広島県呉市）

みかん畑の中に、墓地が現れた。果たしていくつ墓があるのか、六〇センチほどの大きさの墓がびっしりと並んでいた。案内板によればすべて遊女たちの墓だという。

広島県の瀬戸内海に大崎下島《おおさきしもじま》という島があり、そこに御《み》手洗《たらい》という港町がある。

瀬戸内海を行き交う船の風待ちの港として栄えた御手洗は、船乗り相手の遊女たちがいた。その起源ははっきりとしないが、少なくとも安土桃山時代にまで遡ることができるという。島が、最も栄えたのは、江戸時代中期以降のことだった。大坂と北日本を結ぶ西廻り航路が、航海技術の発達とともに、次第に陸地に沿って航海するものではなく、沖合を通るようになると、瀬戸内海の沿岸から離れて、瀬戸内海の本州側と四国側のちょうど中央に位置する大崎下島は風待ちの港として最適な場所になったのだった。

大崎下島は、今では本州と橋で繋がっているので、車で向かうことができる。呉《くれ》からレンタカーを使って、一時間ほどで、大崎下島の御手洗に着いた。

早速、町を歩いてみることにした。今から三〇年前に重要伝統的建造物群保存地区として国から選定されたこともあり、趣《おもむき》のある木造建築が多く残っている。

通りを歩きながら、誰か話を聞けそうな人はいないかと探していると、年の頃七〇代と思《おぼ》しき女性が歩いてきた。

江戸時代に栄えた御手洗であったが、いつまで色街として続いたのか土地の人の言葉で聞いてみたいと思った。いくら無神経な私でも、初対面でしかも女性に色街の話を振るのは、毎回少々気がひける。ただ、彼女以外に人が見当たらなかったこともあり、思い切って声をかけた。すると、女性は気さくに色々と話してくれた。

「ここは、すごい賑《にぎ》やかなところだったみたいよ。私が引っ越してきたのは、売防法の後だったんで、そうした店はなくなっていましたけど、食堂やいろんな物を売るお店もいっぱいあった。うちの家も買ったときは、壁に女の人が書いた落書きがあったりしたんよ。一階が喫茶店みたいになっていて、階段が二つあって、二階にはこまい部屋がいっぱいあるんよ」

「どこにお暮らしなんですか？」

「ここよ」

と、彼女が指差したのは、目の前の家で、保存地区の中だった。てっきり港沿いだけに色街があったのかと思ったら、どうやら違った。

現場周辺地図

　女性は、遊女たちと島に関することも話してくれた。
「あとね、昔はそういう仕事をしている女性は、子どものときに売られてきて、故郷に帰ることができないで島で亡くなった方も多かったんでしょうね。以前に斜面の工事をしたときに、たくさん骨が出てきたんですよ。子どもの骨もあったと聞いてますよ。回収するときに白い手袋をして、お祓《はら》いをして、お墓を作ったんです。島だから土地がないでしょう。昔はいたるところに埋められたんじゃな

殺害された遊女見習いの手形が残る若胡子屋の壁

かつて遊女たちはおちょろ舟と呼ばれた舟に乗って、沖に停泊する船に向かった

石畳と木造建築の調和。今では少なくなった日本の原風景である

遊女たちの墓が、港を見下ろす墓地にあった

いですか。売られてきた人たちだから、わざわざお墓を作ることもしないでしょう。かわいそうよね。ここに住んでいる人でも、霊感の強い人なんかは、港の神社の近くを通ると足を引っ張られたりするそうですよ。私は何も感じないけどね」

落ち着いた風情に包まれた御手洗だが、彼女の話を聞く限り、かつては色街の雰囲気が濃厚に漂っていたようだ。

私は港から、急な階段を登ったところにある遊女の墓に足を運んだ。途中の斜面には、遊女の墓だろうか、古い墓石の一部が地中から顔を出していた。まだまだこの島の至るところには、回収されていない墓があるようだ。一〇分ほど歩いただろうか、みかん畑の中に、墓地が現れた。果たしていくつ墓があるのか、六〇センチほどの大きさの墓がびっしりと並んでいた。案内板によればすべて遊女たちの墓だという。

墓は御手洗の町、その先のおだやかな瀬戸内の海を見下ろすように立っていた。

そのほとんどは、江戸時代のもので、中には、長年の風雨で削られ、字も判別できない墓も少なくない。

墓地からしばし瀬戸内海を眺めた。目の前の海には、江戸時代から昭和三〇年代までひっきりなしに船がやってきた。男たちは、ひと時の安らぎをこの墓地に眠る女たちに求めたのだ。行き交う船の見えない海からは、往時の姿を想像することは難しい。

ただ、ひと昔前の日本には、この島ばかりでなく、売春島として知られている三重県の渡鹿野島《わたかのじま》など、水運と売春は密接な関係があったことを示す土地が多い。ほとんど波の立たない水面には濃密な人の営みが記憶されているのだ。

民家の壁に掛けられた花が素朴な美しさを放っていた

港にある住吉神社には、遊女によって寄進された狛犬がある

かつて100人の遊女を抱えていたという若胡子屋の跡

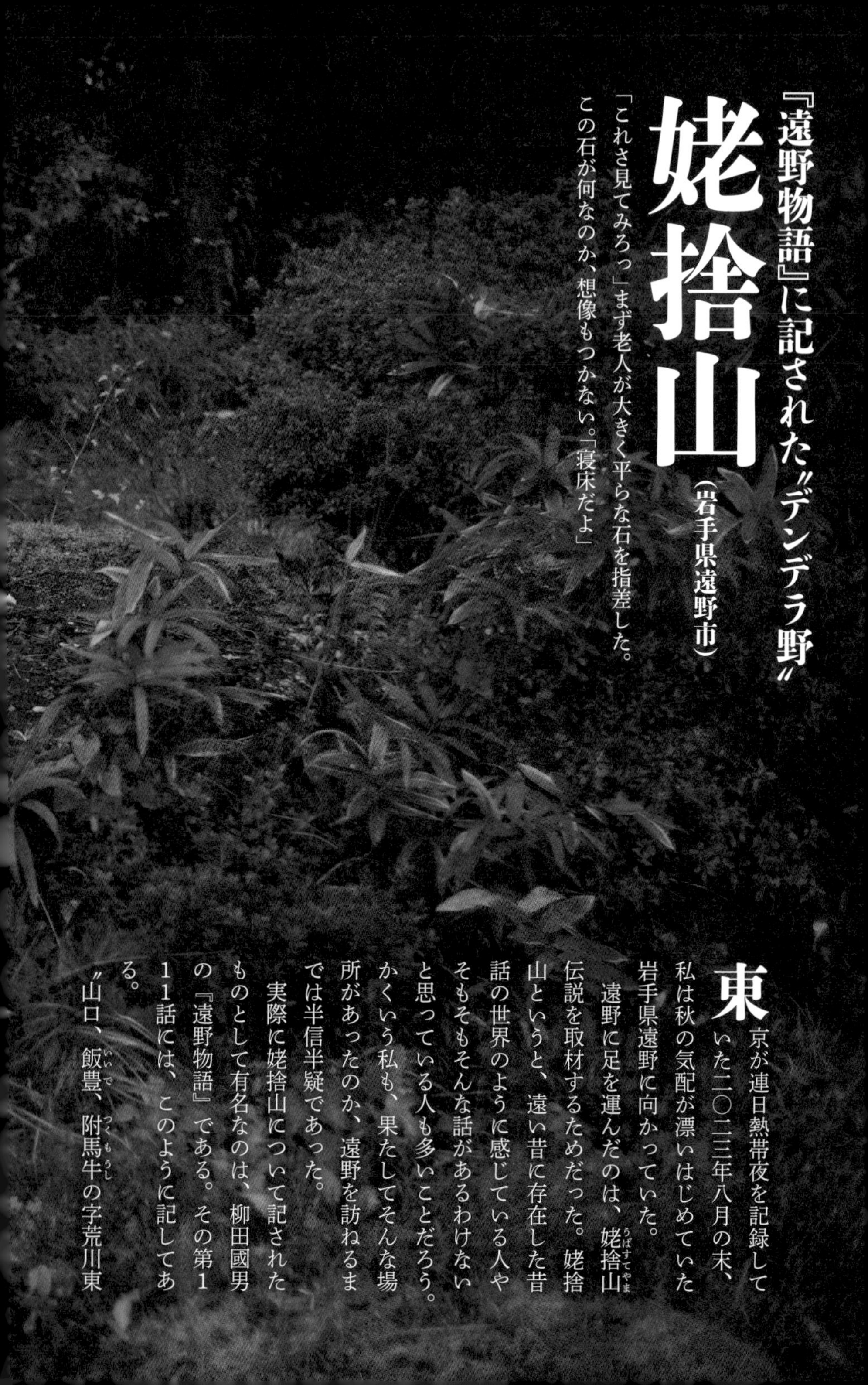

『遠野物語』に記された〝デンデラ野〟

姥捨山

（岩手県遠野市）

「これさ見てみろっ」まず老人が大きく平らな石を指差した。この石が何なのか、想像もつかない。「寝床だよ」

東京が連日熱帯夜を記録していた二〇二三年八月の末、私は秋の気配が漂いはじめていた岩手県遠野に向かっていた。

遠野に足を運んだのは、姥捨山《うばすてやま》伝説を取材するためだった。姥捨山というと、遠い昔に存在した昔話の世界のように感じている人やそもそもそんな話があるわけないと思っている人も多いことだろう。かくいう私も、果たしてそんな場所があったのか、遠野を訪ねるまでは半信半疑であった。

実際に姥捨山について記されたものとして有名なのは、柳田國男の『遠野物語』である。その第111話には、このように記してある。

〝山口、飯豊《いいで》、附馬牛《つくもうし》の字荒川東

禅寺および火渡《ひわたり》、青笹の字中沢ならびに土淵村の字土淵に、ともにダンノハナという地名あり。その近傍にこれと相対して必ず蓮台野《れんだいの》という地名あり。昔は六〇を超えたる老人はすべて、この蓮台野へ追いやるの習いありき。老人はいたずらに死んでしまうこともならぬゆえに、日中は里へ下り、農作して口を糊《ぬら》したり。そのために今も山口・土淵辺にては、朝《あした》に野らに出づるをハカダチといい、夕方野らより帰ることをハカアガリというと言えり。〟

物語の中で、遠野地方では老人は六〇歳になると、家から出て、死を迎えるまで、農作業を手伝いながら、人里近くで暮らしたと記してある。

姥捨山というと、日本映画の不朽の名作『楢山節考《ならやまぶしこう》』を連想してしまう。あの映画では、老婆を山奥に捨て置いてきたが、遠野の〝姥捨山〟は、デンデラ野と呼ばれ、いくつかのデンデラ野があったという。しかし、今では、一ヶ所のデンデラ野が知られているだけで、他のデンデラ野は歴史の中から消えようとしている。

観光コースとなっている一ヶ所のデンデラに足を運んでも、デンデラノと記された木の案内板が立っているだけで、詳しい説明はされていない。

遠野市内で知られざるデンデラ野はないかと、聞き込みをしていると、松崎地区という場所にガイドブックはもちろん、柳田國男の『遠野物語』にも記されていないデンデラ野があることを知った。

松崎地区に入り、改めて聞き込みをすると、デンデラ野について詳しいひとりの老人と出会った。七〇代の老人は子どもの頃、近所のお婆さんからデンデラ野について聞かされたという。その貴重な記録を小冊子にもまとめていた。

松崎地区にあったデンデラ野に早速案内してもらった。田んぼの脇を走る道をはずれ、坂道を上がり集落を見下ろす新興住宅地に入った。老人は、この場所がデンデラ野だったと言った。車を降りて、歩き出すと、

「これさ見てみろっ」

まず老人が大きく平らな石を指

現場周辺地図

遠野盆地の東側にあるデンデラ野

デンデラ野周辺の山道。この道を老人たちが行き交ったのだろうか

デンデラ野で老人たちは農作業などをしながら、共同生活を送ったという

差した。この石が何なのか、想像もつかない。

「寝床だよ」

　聞けば、このデンデラ野に連れてこられた老人たちが、この石を寝床代わりに利用していたのだという。言われてみれば、新興住宅地の空き地に、人が寝るにはちょうど良い形をした石が多く見受けられた。

「このあたりに、だいたい五〇人から六〇人はいたって話だぞ。ここに老人を連れてきて、ほっといたわけじゃなく、昼間は墓立ちと言って、近所の農作業を手伝って、夕方仕事が終わると墓帰りと言って、この場所に帰ってくるんだ。昔は森の中に亡くなった老人たちの墓もあったけど、今はなくなっちまった」

　デンデラ野は、近くに暮らす人々が老人たちの世話をする村落共同体の老人ホームといった趣がある。しかし、ただでさえ少ない食い扶持《ぶち》を減らし、農作業を満足にできない老人は、家を出なければならない厳しい現実があったことは間違いない。

　遠野では、弱った老人たちをデンデラ野へ送り込む風習が明治時代初頭まで存在したという。つい百数十年前までデンデラ野の風習が続いた背景には、東北地方の経

観光客にも知られている土淵にあるデンデラ野

松崎のデンデラ野には老人たちが寝床とした岩が多く残る

済的な貧しさが影響しているのは言うまでもない。

江戸時代の東北では、毎年のように起こる飢饉《ききん》が農民たちの生活を圧迫していた。

記録に残っているだけでも、江戸時代に遠野で起きた飢饉は二〇回以上に及び、宝暦の飢饉では三〇〇〇人以上、天明の飢饉では一四〇〇〇人以上が犠牲となった。特に遠野を含めた南部藩領では飢饉の被害がひどく、津軽藩と同じく人肉食いの記録も残っている。

飢饉の発生する原因は、東北地方という寒冷地における稲作も原因のひとつだが、江戸を中心に貨幣経済が確立され、日本国内における経済のグローバル化が進んだことにも原因がある。釜石などの沿岸部と農村部の中間に位置する遠野でも中継交易の形で商業資本が発達し、商人が地主化することにより、多くの自作農が小作に転落し農村が疲弊したのだ。

江戸を中心に花開いた、町人文化の陰で、農村部はまさに、暗黒の時代を迎えていたのである。

遠野の農民たちが暗黒の時代を生き抜いてきた証ともいえるデンデラ野、これから少子高齢化が進む日本、私たちの未来にはどんなデンデラ野が待ち構えているのだろうか。

デンデラ野と似た風習は、かつての日本の山村では珍しいことではなかったのかもしれない

道端にも細長い岩が目立つが、この場所の歴史を知る人は少ない

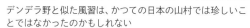

海外への出稼ぎ者が多かった土地

北米大陸と繋がっていた村

（静岡県沼津市）

海沿いの曲がりくねった道を沼津方面へと走らせると、小さな集落が目に入ってきた。三方を切り立った山に囲まれ、何となく隠れ里といった趣がある。

人間はいつから商品になったのだろうか。日本では縄文時代にはすでに奴隷階級が存在していたとの説がある。奴隷の存在が文献に登場するのは弥生時代のことで、『魏志倭人伝』に卑弥呼が生口《せいこう》を魏に献上したとの記録が残っている。この生口こそが奴隷で、日本における奴隷の事始めである。

厳密にいえば奴隷は商品として売買されたわけではなく、邪馬台国の従属物として魏に送られた。金銭に縛られるか権力に縛られるかの違いがあるわけだが、当人の意思は二の次であるということにおいて、広義の人身売買と言ってもいいだろう。

その後、国家や経済が発展するにつれ、人間は商品のひとつとなった。日本においては戦国時代、戦には近隣の農家などから人や物を奪う乱取りという略奪がつきものであった。略奪された人間は、すぐに市が立ち今日の価値で二、三〇〇〇円ほどの値段で売買された。豊臣秀吉が行った朝鮮出兵に

おいても日本軍は彼の地から朝鮮人を連行し、九州の大名松浦鎮信《まつらしげのぶ》は小麦畑に隠れていた女を連れ帰り小麦と名づけ側室としたことが知られている。

　関ヶ原、大坂夏の陣を経て、徳川家康により江戸幕府が開かれると、戦による人身売買はなくなったが、農民たちが年貢を納められない場合には、娘を年貢の代わりに差し出すことが普通に行われていた。農村の若い娘たちは女衒《ぜげん》などに買い取られ、都市や街道筋の遊廓に流れた。歴史を眺めてみると、どの時代にも人身売買は必ず付いて回る。そしてその背景には貧困がある。

　明治時代から大正時代にかけて、日本人女性がアジアをはじめアメリカなどに、娼婦として世界中に売られた時代があった。彼女たちは、からゆきさん、またはあめゆきさんと呼ばれた。

　からとは、中国を「から」と呼んだことから、中国を含めたアジアを意味し、あめとは、アメリカやカナダを意味した。

　彼女たちは、女衒を介し、横浜や神戸、島原の口之津《くちのつ》といった港から出る船に乗って、海外の色街へと売り飛ばされたのだった。

　からゆきさんやあめゆきさんの出身地は、九州の島原や天草、広島県や和歌山県の山間部、さらには静岡県の伊豆などが多く、実際にそれらの土地を私は訪ねたことがあった。一方で、彼女たちを売り飛ばした女衒たちについては、

現場周辺地図

九州島原出身の村岡伊平治《いへいじ》が有名で、映画にもなっている。女性たちに比べて、絶対数が少ないため、どの地方から多くの女衒が生まれているのか、はっきりとした資料はない。ただ、からゆきさんやあめゆきさんを多く生んだ土地から出ていると考えるのが自然だろう。『カナダ遊妓楼に降る雪は』（工藤美代子著）によれば、カナダなどにあめゆきさんを送り込んだ、女衒たちを生んだ村が、静岡県の

駿河湾に沈む夕陽。戦国時代には、海賊衆の根拠地でもあった

海岸のすぐ背後には、重畳な山並みが広がっている

伊豆半島にあったという。

私は向かってみることにした。駿河湾を望む西伊豆の港町戸田《へだ》。そそり立つ海岸線の向こうに優雅な富士山の姿が見えた。戸田からさらに、海沿いの曲がりくねった道を沼津方面へと走らせると、小さな集落が目に入ってきた。

その集落は三方を切り立った山に囲まれ、西側だけが海に面していて、何となく隠れ里といった趣がある。

この土地の歴史は古く、古墳時代に造られた古墳群があり、平安時代に創建された神社もある。古代からこの土地と畿内は、海を通じて、歴史的な繋がりを持っていた。

人々の暮らしが綿々と続いてきた一方で、最近になるまでこの集落の生活は厳しかった。道路が開通したのは、昭和四〇年代のことで、それまでは交通手段は船だけだった。

産業といえば、漁業と斜面に囲まれた村で、わずかばかりの土地を耕して行う農業の半農半漁の生活を強《し》いられた。

明治時代に入り、村から海外に出稼ぎに出る者が現れはじめ、彼らが向かった先は、アメリカやカ

村の中には立派な蔵も目立った

ロサンゼルスにあるリトルトーキョーで見かけた線路建設の現場で働く日系移民の写真

ナダのバンクーバーであった。

最初に海を渡った者たちは、多くが男性で、鉄道建設などに携わった。そのうち労働で得た少しばかりの蓄えをもとに、売春宿を経営する者がいたのだった。当時の北米には、日本人ばかりでなく、肉体労働に携わる移民が多く、彼らを癒す売春宿は実入りのいい商売だったのだ。売春宿の経営者や女衒など、売春に関わる者の多くがこの土地の出身者だった。

村の歴史では、売春に携わったことは、まったく公にはされていない。ひと昔前には、アメリカ帰りの村民が多かったことから、アメリカ村と名乗って、観光客を呼んだ時代もあったという。

こぢんまりとした村の中を歩いてみると、立派な蔵が目についた。これらも海外での出稼ぎのお陰だろうか。ひとつの蔵の前で写真を撮っていると、男性がひとり歩いてきた。

私は、海外への出稼ぎが多かったのか尋ねてみると、こんな答えが返ってきた。

「祖父の世代は、会話の中にちょくちょく英語が混じっていました。アメリカやカナダから持ち帰ってきた品物を保管している家も多いですよ。ただ、もう海外に行った世代の人たちはいないですけどね」

売春に関わる仕事をしていたことを、知っているか聞いてみた。

「知らないですね。そんな話は聞いたことはないですよ」

そう言うと、不機嫌そうな顔をして去っていった。

現在の村の様子からは、海外で女衒や売春宿の経営をしていた者がいたことなど知る術《すべ》はない。こののどかな土地からは想像もできない歴史を歩んできた。

私は、かつて外の世界と村をつなぐ表玄関だった、小さな港に足を運んだ。そこでは、釣り人が釣り糸を垂れていた。このゆったり、のんびりとした時代がいつまでも続いて欲しいなと願わずにはいられなかった。

本州にあったアイヌの集落

夏泊半島

（青森県東津軽郡平内町）

車窓から見える海辺の景色は、霧に覆われていて、水墨画のように幻想的である。二〇分ほど車を走らせて、狄村があったと思しき場所に着いた。

日本国内のアイヌの人々といえば、北海道に多く暮らしている。ただ、日本列島の各地には彼らの生活を営んでいた痕跡が多く残されている。住居跡や遺物が、出土したわけではない。では、何が彼らの痕跡を示しているのかというと、地名である。

北海道には、今も札幌や室蘭、稚内《わっかない》、然別《しかりべつ》、倶知安《くっちゃん》、などなどあげたらキリがないほど、アイヌ語の地名がある。一方で、本州でも私たちが気づかないだけで、多くのアイヌ語を普段から見聞きしているのだ。

　ちなみに、私は横浜市の平戸という場所で生まれ育った。その平戸の「ヒラ」は、北海道ではアイヌ語で崖を意味するという。今では住宅街になってしまっていて、景色は失われているが、幼い頃には、山肌がむき出しになり、崖といえる場所が確かにあった。ちなみに「ト」は、沼や池を意味する。縄文時代は、相模湾や東京湾の海進によって、私の実家のあたりは、入江であった。小高い丘からは縄文時代の土器や鏃《やじり》などが出土して、学生時代には発掘に行ったものだ

った。

そうした事実からいえることは、アイヌがその場所にいた可能性があったということだ。

本州に地名だけではなく、もっと具体的な痕跡は残っていないかと、今から一〇年ほど前に調べていたら、江戸時代に現在の青森県にあった弘前藩が絵師に描かせた地図にアイヌが暮らしていた集落が記されていることを知った。

地図は、「正保国絵図」という弘前藩が幕府に提出したものの写しで、「陸奥国津軽郡之絵図」と呼ばれ、一六八五（貞亨二）年に作成された。青森県立郷土館が所蔵していて、弘前藩の領地を描いた最も古い絵図だという。

その地図では、アイヌが暮らした場所を、狄村《えぞむら》と記している。地図によれば、弘前藩の領地には五ヶ所の狄村があった。ケモノ偏に犬とは人間ではないようで、何ともひどい呼称だが、江戸時代のアイヌに対する感覚が如実に表れている。

私は、いつの日か狄村を訪ねたいと思っており、コロナウイルスの流行が落ち着きを見せた二〇二二年六月に足を運ぶことにした。

向かったのは、陸奥湾に突き出た夏泊《なつどまり》半島という小さな半島である。そこには三ヶ所の狄村があった。

東京は連日三五度以上の気温を記録していて、まさに蒸し風呂のような暑さだった。車で八時間かけて、青森へとやってきたのだが、福島県の白河を越えて、東北に入ると、徐々に空気が冷んやりとしてくるのを感じた。

夕暮れ時に、青森に入ると、半袖のシャツでは肌寒いほどだった。あまりの涼しさにしばらくの間、青森にいたいなという気になった。夏泊半島の根っこにある浅虫《あさむし》温泉に宿を取り、翌日弘前藩の地図に記されていた狄村の場所を訪ねる

現場周辺地図

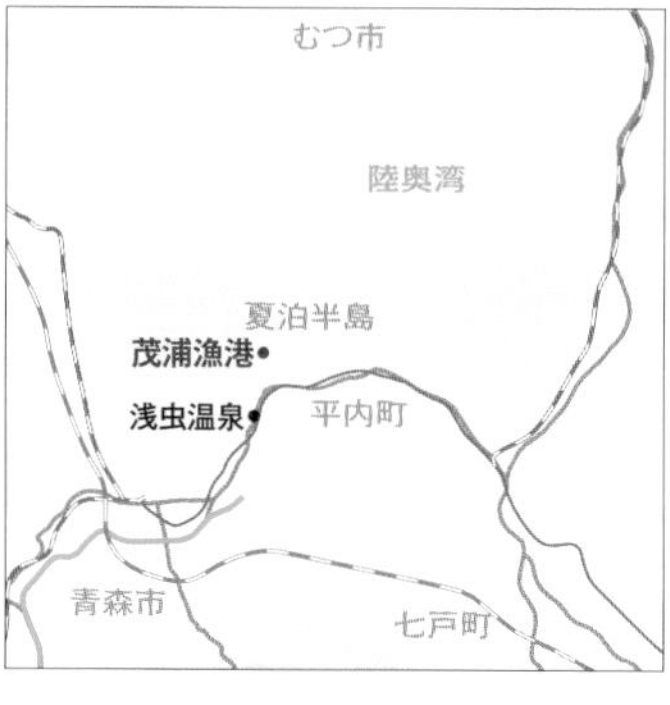

夏泊半島の付け根にある浅虫温泉。浅虫の語源はアイヌ語という説がある

アイヌの人々も眺めていたであろう景色を見ていると、人の営みの儚さを感じずにはいられない

ことにした。

その日は、朝から雨模様の天気だった。昨日より増して肌寒く、半袖シャツの上に秋物のジャケットを羽織った。

狄村は、浅虫温泉から夏泊半島の西側を北上し、茂浦《もうら》漁港を越えたあたりにあった。地図には、どれだけのアイヌが暮らしていたのか、何を生業《なりわい》としていたのか、細かいことは何も記されていない。

車窓から見える海辺の景色は、霧に覆われていて、水墨画のように幻想的である。二〇分ほど車を走らせて、狄村があったと思しき場所に着いた。江戸時代に弘前藩によって、この場所にアイヌがいたと記録されているのだが、やはり遺物は何も残っていない。

海岸は岩場が続き、すぐ側まで丘が迫っている。周辺の丘には、田畑は見当たらず、雑草が思いのままに伸びている。半島をぐるりと回る道路以外は、アイヌが暮らした当時と変わらぬ景色が広がっているともいえた。彼らは、どのようにこの土地で生きていたのだろうか。

アイヌといえば、熊や鹿などを狩り、川ではサケやマスを獲り、山で木の実や山菜などを採集して暮らした、いわゆる狩猟採集民族として知られている。さらには、舟を巧みに操って交易も行っていた。その代表的なものが、北海道のアイヌが中国、ロシアにまたがる沿海州に暮らす山丹人と呼ばれる人々と行っていた山丹貿易であ

下北半島恐山にある宇曽利湖。語源は入江や湾を意味するアイヌ語だという。青森県内にはアイヌ語が語源とされる土地が多く存在する

る。

　青森のアイヌたちの暮らしぶりは、弘前藩の書き記した『国日記』から窺い知ることができる。弘前藩のアイヌの人々は、わずかばかりの土地と漁労によって生活していたという。年貢を納めるほどの作物は穫れなかったので、年貢は免除されていた。その代わりに彼らは、熊の皮やオットセイ、真珠などの貝、わかめなどの海藻を藩に納めていた。田畑をほとんど持たないアイヌのために藩からは米が支給されていた。

　藩から、生活のために米を支給されるような生活ぶりから推察すると、ほとんど自立して生活するのは難しかったことが窺える。

　いつからそのような生活を強いられるようになったのか、はっきりしたことはわからないが、遅くとも幕藩体制が確立した江戸時代のはじめには、狩猟採集民族として生活をしていくのは困難になっていたことは間違いないだろう。

　そして、江戸時代が終わり、日本の近代化が音を立ててはじまると、いつしか狄村のアイヌたちはこの土地から消えた。彼らの子孫は、この日本のどこかに暮らしているはずであり、その家族にはこの土地の神話が受け継がれているかもしれない。

　現在アイヌが暮らしていた狄村の跡には、寄せては返す波と当時と変わらない海岸線の風景が残されているのみである。

かつてアイヌが暮らした狄村。彼らの姿は消えたが、浅虫などの地名に痕跡は残る

朝廷に屈しなかった蝦夷の英雄

人首丸の墓

（岩手県奥州市）

鬱蒼とした森の中ということもあり、今にも熊が現れてもおかしくない気配である。私は己の心臓の鼓動を聞きながら、山道を早足で歩いた。

「来なければよかったな」

ひとりハンドルを握りながら、私は心の中で呟《つぶや》いた。民家を最後に見てから、道は徐々に細くなった。道路は未舗装のうえに、斜面から落ちてきた石が車の底を「ゾリッ」という嫌な音を立ててこすった。さらに道の両側からは大人の背丈をゆうに越した夏草が生えていて、視界を遮《さえぎ》っている。

おまけに熊出没注意という看板まで途中目にしていた。

もし、車に何らかのトラブルが起こり、立ち往生したうえに、熊が出てきたりでもしたらと、思考はどんどんネガティブになっていった。熊よけのつもりで、窓を開けて、「ウォーッ」と大声で叫んだ。道は車一台通るのがやっとの山道で、切り返す場所などなく、とにかく目的地に進むしか、私には選択肢がなかった。

その目的地とは、人首丸の墓である。墓の主の名前は〝ひとくびまる〟ではなくて、〝ひとかべまる〟と読む。

私がいたのは、岩手県江刺《えさし》市（現・奥州市）の深い深い山の中である。人首丸なる人物とは、平安時代に現在の東北地方を征服するためにやってきた坂上田村麻呂に抵抗した人物で、勇戦虚しく討ち取られたのだった。

人首丸はその名前から察しがつくと思うが、朝廷からは蝦夷と呼ばれた人物だった。朝廷と蝦夷の戦いにおいて、激しく抵抗した人物として知られているのが、アテルイと腹心のモレであろう。

アテルイとモレは、人首丸の墓のある山から下った水沢市（現・奥州市）内を流れる北上川の流域で、十数年にわたり朝廷軍に抵抗した。

アテルイ側は地の利を生かして、七八九（延暦八）年にはじまった第一回の遠征軍を巣伏《すぶし》の戦いなどで大いに打ち破った。続く第二回の遠征は、七九四（延暦一三）年にはじまり、やはり朝廷軍を悩ませたものの、坂上田村麻呂が征夷大将軍に任命された八〇一（延暦二〇）年に大敗を喫したのだった。

その翌年に坂上田村麻呂は、現在の岩手県奥州市で胆沢城《いさわじょう》の築城に取り掛かった。すでに勝算はないと悟ったのか、アテルイはモレとともに投降したのだった。

アテルイとモレは、朝廷に臣下の礼を執るために京に向かったが、二人の武勇を怖れた朝廷は、このまま奥州に戻すのではなく、殺す

現場周辺地図

あまり人の訪れない山中にひっそりと看板が置かれていた

人首丸の篭った大森山の麓にある人首城跡からの眺め

ことにしたという。二人を連れてきた坂上田村麻呂は、必死に助命を嘆願したが、その思いは届かず、二人は斬首されてしまったのだった。ちなみにその二人を祀っているのが、現在の大阪府枚方《ひらかた》市牧野公園にあるアテルイ、モレの首塚である。

蝦夷の首領アテルイが討ち取られても、朝廷に屈しない人物がまだいた。それが人首丸だった。

人首丸は、朝廷軍を相手にするにあたって、胆沢城のある平野部に出ることはしなかった。彼は人里離れた山に篭《こも》る戦略を取った。そこが、今私が向かっている人首丸の墓がある場所だった。山の名前は大森山という。

八〇二（延暦二一）年頃にアテ

夕暮れ時の大森山付近。澄んだ空が印象的だった

ルイとモレが斬首された後、人首丸は数年にわたって、戦い続けた。しかし、八〇六（大同元）年に朝廷軍によって討ち取られてしまう。年齢は一五、六歳だったという。

　私が人首丸の墓を訪ねたいと思ったのは、蝦夷とはどのような人々だったのかという興味とその痕跡がどのような場所に残されているのか知りたかったからだった。

　蝦夷に関しては、アイヌという説や朝廷の支配下に入らなかった人々を指すとも言われ、はっきりしたことはわかっていない。ただ、アテルイが拠点とした岩手県には、多くのアイヌ語地名が残されている。いくつかあげると、二戸《にのへ》郡一《いちの》戸《へ》町の姉帯《あねたい》は、細い森を意味するアネッタイ。盛岡市の米内《よない》はイオナイから来ていて、熊が出る沢を意味する。アテルイの名前は、アイヌ語の解釈において諸説あるが、弓名人という意味だという。

　本州の青森には江戸時代まで、アイヌの集落が残っていたことから、それ以前であれば、岩手県に存在していたとしても何の不思議はないだろう。

大阪枚方市にあるアテルイの首塚と言われている場所。すぐ近くには豊臣秀吉が大坂城を築く際、鬼門封じのために造営した片埜神社がある

　草に覆われた林道を三〇分ほど走っただろうか。鬱蒼《うっそう》とした森の中に、白い看板が立っていた。どうやら人首丸の墓に着いたようだ。看板に近づいてみると、人首丸の墓碑と書かれていて、墓へはここから約一〇〇メートルと記してあった。

　車を切り返すことができるほどのスペースがあり、私はほっとしたのだが、人里離れた森の中ということもあり、今にも熊が現れてもおかしくない気配である。看板から墓までは、車道がないので、私は己の心臓の鼓動を聞きながら、獣道のような山道を早足で歩いた。

　森の一部が開けた場所に来ると、人首丸の墓碑と書かれた白い杭《くい》の横に、苔《こけ》むした歪《いびつ》な長方形をした墓石が置かれていた。

　墓石には何も刻まれてはいなかったが、長年この場所に鎮座していることが一目瞭然であり、土地の人々の人首丸に対する敬意を感じずにはいられなかった。

　この山深い土地は、朝廷に対する蝦夷の最後の拠点であったと、看板には記してあった。来た道をゆっくりと下っていくと、途中夏草が切れて、はるか遠くに北上川が流れる北上盆地が見渡せた。今から一二〇〇年ほど前、人首丸もこの景色を眺めたに違いない。彼がこの場所を最後の戦いの場所に選んだ意味が、わかった気がした。

国家に背を向けた人々の〝聖域〟

無戸籍者たちの谷

（埼玉県秩父市ほか）

今では、無戸籍者は暮らしてはいないが、私は彼らの暮らしていた、奥多摩から奥秩父にかけての山を歩いてみた。

無戸籍者――その言葉は、私にとっては何ともロマン溢れる響きである。今も親の育児放棄などによって、無戸籍となる子どもたちの存在がニュースとして取り上げられることがあるが、私がロマンを感じるのは、もちろんそうした痛ましい子どもたちではなく、日本という国家に自ら背を向けて生きていた人々の話である。

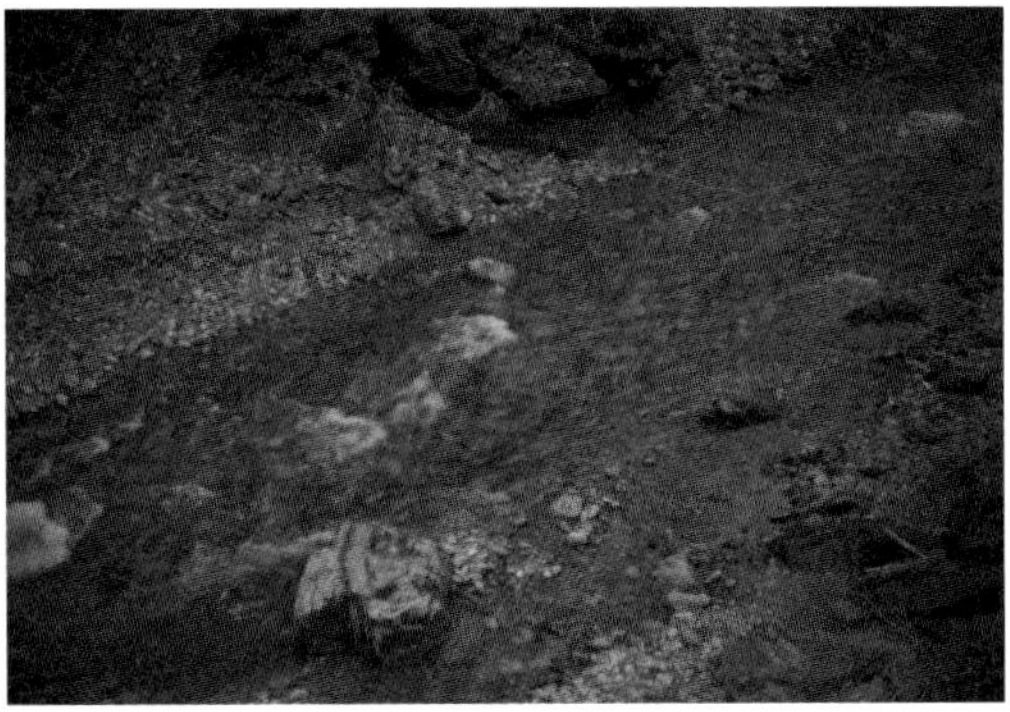

秩父の山中を流れる清流。山中に暮らす人々の命の源でもあった

　日本という国は、明治時代以降、西洋に倣《なら》えで国づくりを進め、富国強兵の根幹にあたる国民皆兵制度を支えるうえで、人々を管理する戸籍は最も重要視されたと言っても過言ではない。明治以前に遡れば、戸籍は人民を管理するために、六世紀には作られていた。

　国家にとって、戸籍はなくてはならないものであった。古代から中世、戦国、江戸、そして明治と、国家の規模が大きくなるにつれて、戸籍による管理はより厳格になっていった。ひとりの無戸籍者も作らないという国家の執念のようなものを感じずにはいられない。現在の日本を見れば、令和の新戸籍ともいうべき、マイナンバーカードができ、国家はこれまでの家族による管理から、ひとりひとりを直接管理するという方向へと舵《かじ》を切った。今後、ますます我々日本人は、行動を逐一国家に管理されるようになるのである。

　ちょっと前置きが長くなってしまったが、私が無戸籍者というどこか哀愁を帯びた言葉に惹かれる

現場周辺地図

のは、国家の庇護《ひご》を受けないというリスクを背負いながら、生きているというイメージを持っているからだ。

無戸籍者を象徴する存在として、広く知られているのは、サンカだ。日本以外に目を向ければ、インドから中東を経て、ヨーロッパ、南米まで痕跡を残しているロマだろう。

日本の無戸籍者に関する新聞記事を目にしたのは、今から五年ほど前のことだった。神戸大学のデータベースに保管されていたものだった。記事は戦前のもので、一九二〇（大正九）年九月三〇日付けで、大阪毎日新聞に掲載されていた。ちょうどその年は、日本で初めての国勢調査が行われた年でもあった。その調査の過程で、無戸籍者の存在が公のものとなったのだった。

ちょっと長いのだが、引用したい。

〃奇怪な山中の住民
政治もなく警察もない断崖の孤屋
の無籍者人が行けば遁げ廻る

埼玉県秩父郡大滝村地内三国峠山麓及び将監峠に無施政無警察の部落あり、前者は三十一戸人口二百十余人あり、殆ど何等の政治も行われ居らず唯教育は数年前何処よりか飄然辿り来れる一老僧が児童を集めて寺小屋式の教育を施し居れるのみ、部落民の中には群馬県に籍を有するものもあり、稀に生死に際し同県間野郡上野村に届け出でたるものあるも多くは無籍者又は生死不明にて生活状態は木箸又は下駄材（山桐）を造り之を行程一日の群馬県に売り出し其の帰途米麦を買い来る言語風俗は別に変りなし、又山梨県境の将監峠に散在する部落は此処の崖に一戸彼処の谷に一戸と云う如く散在し戸数及び人口明かならず何れも山男同様の生活を営み彼等の住める小屋に辿り着く道とてはなく断崖絶壁の上の小屋にいかにして上

荒川源流付近、苔を伝って落ちる荒川の最初の一滴

かつて日本の山中には、今からは想像できない多様な暮らしがあった

るか全く想像し難き状態なり、此の部落は国勢調査にも秩父よりは行かれぬ程の深山なれば山梨県より廻り込まねばならず又東城峠の山麓水晶ヶ谷に住むと云う山男は僅に一人にて人を恐れ臘師の姿を見ても何処にか逃げ匿るる有様にて如何に国勢調査なりとは云え数十人の人を用いて山男、而も居所分らぬ男の為に幾日も費す訳に行かず県は調査を抛棄すべしと（東京電話）〃

何とも興味深い記事である。無戸籍者が暮らしていた埼玉県の将《しょう》監峠《げんとうげ》付近は、東京の奥多摩や武田信玄の隠し金山として知られる鶏冠山《とさかやま》などもある地域。その山塊は、東京、山梨、埼玉、長野へと続き、ニホンオオカミが未だに棲

秩父という不思議な響きも語源はアイヌ語という説がある

息しているのではとも囁《ささや》かれ、日航機の墜落現場も山塊の中にある。

今では、無戸籍者は暮らしてはいないが、私は彼らの暮らしていた、奥多摩から奥秩父にかけての山を歩いてみた。

その場所は、将監峠から三国《みくに》峠《とうげ》へと続く山並みの間にある甲武《こぶ》信岳《しだけ》である。標高は、二四七五メートルあって、奥秩父では二番目に高い山だ。今から三〇年ほど前、毎年夏になれば、テントを担いで、日本アルプスを縦走していたこともあり、簡単に登れるだろうと、たかをくくって、登山前夜ほぼ徹夜の状態で山に入った。若かりし頃なら、体力でカバーできたのだろうが、年齢による衰えは予想以上で、一時間も歩くと、足が

山に生きた先人たち。我々はどれだけの知恵を失ったのだろうか

前に出なくなり、コースタイムが三時間のところ、倍以上の八時間も掛かってしまい、予約していた山小屋の主人に、「七〇代の方より、遅いですよ」と、笑われてしまった。

甲武信岳山頂から、三〇分ほど降《くだ》った場所は、東京湾に注ぎ、都民に飲料水を提供している荒川の水源地である。その場所を訪ねてみると、付近は鬱蒼とした原生林に覆われていた。

まさに、こうした谷に無戸籍者たちは暮らしていたのだった。人間の生活にとって、一番大事なものは水である。今では誰も暮らしていない、山奥の原生林はちょっと見方を変えてみれば、人が暮らしていくのに最低限のものが備わっている。記事によれば、大正時代の無戸籍者たちは、この森の木から箸《はし》や下駄などを作り、それを売ってこの場所では穫れない麦や米を得ていた。

現代の価値観からは測ることのできない彼らの暮らし。果たして彼らは何者だったのか。風貌や言語は、里の人々とほとんど変わらなかったというから、里とはつかず離れず生活を続けていたのだろう。山には、木材の加工を生業とする木地師《きじし》の集団やサンカも暮らしていたことから、無戸籍者の正体は、彼らだったのかもしれない。

ただ、いえることは一〇〇年ほど前の日本には、今よりもはるかに多様な生き方が存在していたということだ。

飢饉に襲われた弘前の地

菅江真澄が通った村

（青森県つがる市）

東京から車で九時間、菅江が歩いた村に着いた。その場所は、水田が広がる農村だった。水田に足を運んでみると、稲が平野を吹き抜ける風に揺られていた。

東北道をひたすら走って、青森県に向かっていた。私が今回訪ねようとしているのは、江戸時代の中期に発生した天明の飢饉によって、多くの餓死者を出した、つがる市のとある地区である。

広く知られているが、江戸時代の日本は、幾度となくひどい飢饉

に見舞われた。最も被害を受けたのが、東北地方だった。

江戸時代の飢饉で三大飢饉と呼ばれているのが、享保、天明、天保の時代に起きた飢饉である。

江戸時代の農村を襲った飢饉は、いくつもの理由が絡み合っているが、大きな理由は二つある。

まずあげられるのは、天候不順だ。飢饉が発生する数年前から、東北や関東地方は、冷害に見舞われ、凶作が続いていた。そもそも稲は、中国南部の雲南省で生まれた南方系の植物である。日本で育てる場合は、夏の日照量が鍵となってくる。ところが江戸時代は、世界的に小氷河期に入った時代で、江戸の街も冬には川が結氷《けっぴょう》するほどだった。さらに寒い東北では、

稲作には厳しい条件が揃っていたのだった。

　もうひとつの理由は、経済活動の変化だ。元禄時代以降、貨幣経済が進み、米は年貢として納めるものだけでなく、投機の対象にもなっていた。飢饉の発生を予見することができれば、商人たちは米を買い占め、米が不足したときに売り捌《さば》けば、暴利を得ることができたのだった。そうした行いを諌《いさ》める商人もいたが、一度味をしめた人間の心を引き締めることは難しい。飢饉の発生は、商人たちにとっては、絶好の儲け時だったのだ。

　商人たちの買い占めに対して、反発した農民たちが各地で起こしたのが、一揆や打毀《うちこわ》しだった。その中でも知られているのが、一八三六（天保七）年に発生し、数万人とも言われる人々が、米穀商や代官所を襲った甲州一揆である。現在の山梨県大月市及び都留《つる》市などの郡内地方で発生した。郡内地方は山地の割合が土地の九割近くを占め、米は平地のある甲府方面から、買わなければならなかった。甲州一揆は江戸時代に発行されていた、かわら版によって、全国に伝えられ、幕藩体制に対する批判が高まる契機となった。この事件を知った大塩平八郎は、飢饉対策を満足に行わない大坂東町奉行所に対して、不満を募らせ、甲州一

現場周辺地図

かつて菅江真澄の歩いた、津軽の道

江戸時代の飢饉の後、この小道にも人骨が落ちていたのだろうか

揆の翌年に大塩平八郎の乱を起こしたのだった。

農民だけでなく、武士までも反乱を起こしたことに幕府は、危機感を募らせた。そうした背景で行われたのが、一八四一（天保一二）年からの天保の改革だった。農村の復興のための人返し令、物価高騰を抑えるために株仲間の解散などを行ったが、抜本的な効果はなく、幕藩体制は終焉に向けて転げ落ちていった。

気象条件と政治経済の変化によって、引き起こされたのが、大飢饉といえるだろう。翻弄されたのは、年貢のために米作りを強いられた農民たちである。

実際に現場ではどんなことが起きていたのか。今から二四〇年ほ

菅江真澄が訪ねた地区にある墓地。この墓地にも飢饉の被害者は葬られているのだろうか

ど前のことであり、当然ながら映像も写真もない。私が頼ることができるのは、先人たちが書き記した文献や碑のみだ。

　私が手に取ったのは、江戸時代の旅行家菅《すが》江《え》真《ま》澄《すみ》の著書、『菅江真澄遊覧記』である。天明の飢饉は、一七八二（天明二）年から一七八八（天明八）年にかけて発生している。特に飢饉がひどかったのが、これから向かおうとしている青森県にあった弘前藩である。飢饉以前から、財政状況が悪化していたこともあり、飢饉に備えて備蓄していた米すらも、商人への借金返済に充てていたため、飢饉が発生した際には、救済に使える米がすぐに底を尽き、一〇万人以上とも言われる餓死者を出したのだった。

　菅江真澄は、一七八五（天明五）年八月、まさに飢饉のまっただ中に、弘前藩領を通過している。現在のつがる市森田近郊の様子をこのように記している。

〝村の小道をわけてくると、雪が消え残っているように、草むらに人の白骨がたくさん乱れ散っていた。〟

　さらに目をこらすと、頭蓋骨の目のあたりから、女郎花《おみなえし》が生えていたりしたという。その光景を見ていた菅江に村人はこう言ったという。村人たちは、最初馬を食べたが、食い尽くすと、野鳥、犬も食べた。それらも食べられなくなると、禁断の領域に足を踏み入れた。

〝自分の生んだ子、あるいは弱っている兄弟家族、また疫病で死にそうなたくさんの人々を、まだ息の絶えないのに脇差で刺したり、または胸のあたりを食い破って、飢えをしのぎました。〟

　何とも凄惨な光景であろうか。今から二四〇年ほど前に、この国で起きていたことである。

　東京から車で九時間、菅江が歩いた村に着いた。

　その場所は、水田が広がる農村だった。水田に足を運んでみると、稲が平野を吹き抜ける風に揺られていた。

　私はその農村風景を眺めながら、一抹の不安を覚えずにはいられなかった。二四〇年前と同じような飢饉がまた起こるのではないかという不安である。ロシアによるウクライナへの侵略、世界的な気候変動。これまで何もなかったことが、奇跡だったのではないかと。

女郎花と似た色の花が路肩に咲いていた

日本の食糧自給率の低さは、いずれ大きな災禍の要因になるように思えてならない

八〇〇年前から続く伝説

平家の落人集落と殺人事件

（山口県周南市）

取材を進めていくと、平家の落人伝説があり、しかも保見死刑囚の一族がかつて暮らしていた地区が、落人集落だったことを証言してくれる人物に出会った。

平家の落人《おちうど》集落というものを何ヶ所か歩いてきたが、この土地ほど濃密に痕跡が残っている場所はなかった。

山口県周南市《しゅうなんし》金峰《みたけ》にある郷集落。この土地を訪ねるきっかけは、ひとつの殺人事件だった。二〇一三年七月二一日にその事件は起きた。

犯人の保見光成《ほみこうせい》死刑囚は、この集落で生まれ、中学卒業後に神奈川県などで働いた後、両親の世話をするため集落にUターンした。保見死刑囚は、長く都会で暮らしていたこともあり、過疎化が進んでいた村での生活にうまく馴染むことができなかった。

事件当時八世帯一四人が暮らしていた集落で、Uターンから約二〇年後に五人を殺害するという事

件を起こしたのだった。

事件から二ヶ月ほど経った後、私は現場へと入った。取材を進めていくと、金峰集落には平家の落人伝説があり、しかも保見死刑囚の一族がかつて暮らしていた地区が、平家の落人集落だったことを証言してくれる人物に出会った。

その人物とは金峰地区の奥畑という集落に暮らす八一歳の古老だった。取材当時、奥畑には、その古老と一軒となりに女性がひとり住んでいるだけで、その二人しか暮らしていなかった。

事件の話を聞きながら、話が保見の出自に及んだ際に、平家の落人に関する話が出た。

「あそこは平家の落人の集落だったんだよ。うちの家は一二〇〇年前からここに住んでいるが、保見の一族は八〇〇年前ぐらいに水上という地区に住み着いているはずだよ」

　老人は、つい先日の出来事であるかのように、平安時代のことを口にした。事件発生当時、保見は郷集落に暮らしていたが、両親は水上という山の上にあった集落に暮らしていた。そこが平家の落人集落だったという。父親は水上で竹細工をしていたが、昭和三〇年代に入り、プラスチック製品が出回るようになり、竹細工が生活必需品でなくなると、山を降りて郷集落に移り住んだという。

　そもそもここ金峰の名前が現れるのは、大和朝廷の時代のことである。その時代は山田郷と呼ばれた。時代が下って、平安時代に入ると、列島各地で荘園開発が進み、古老の一族もその時代に、この奥畑地区を切り開いたという。

　平安時代には田畑が作れる土地は、先住の者たちがいて開発し尽くされた。平家の落人たちは、源氏の目を逃れる必要もあり、人が暮らしていなかった更なる山奥へと逃れた。そこは田畑を作ることができず、彼らが生き抜く手段が竹細工だったのだ。

　古老は私に『須金村史《すがねそんし》』という郷土史を読むことを勧めた。そこに平家の落人に関して詳しく記述してあるというのだ。

『須金村史』は岩国市内の図書館に所蔵されていた。重みのある村史を手にとって読み進めてみると、

現場周辺地図

保見の祖先である平家の落人たちが、最初に金峰周辺に入ったのは一一八五（元暦二）年二月の屋島《やしま》の戦いの後だと記されていた。
　平家の落人たちは、戦で敗れた後、瀬戸内海を船で逃れ、山口県に渡り、さらに岩国市内に注ぐ錦《にしき》川《がわ》に沿って金峰周辺の山間部に入った。『須金村史』にはこのように記してあった。
〝かれらは、山イモを掘り野鳥獣

参拝者もほとんどいないのだろうか。神社の境内は雑草に覆われていた

事件の起きた金峰へ向かう山道には、廃屋が目についた

類をとらえて辛うじてその日の糧《かて》をつくりつゝ開墾をはじめた。もうそのころ水田開墾の余地は、ほとんどなかったので大部分は畑地を耕した。おかげで、この村は、かつて耕作不能地とされた山間地がかれらの努力によって、ことごとく開墾されていった。〟

　まさに獣を殺《あや》め食しながら耕作不能の山間地に入ったのが保見の一族だった。日本全国の平家の落人に関する話には、伝説という言葉がついてまわる。ところが、ここ金峰では、人々の言い伝えだけではなく、土地の名前にも残っていると、『須金村史』には綴《つづ》られていた。

　錦川周辺に残る須磨は播磨の須磨であり、長谷、北山、清水などはいずれも京都の地名だ。さらに、水上という地名も京都市内から山間部に入った南丹市にも存在する。そして、平家の落人が住み着いて以降、玖北《くほく》、都濃《つの》北部は、山代地方と呼ばれるようになった。漢字

奥畑地区に暮らす岡幸生さんが村の歴史を教えてくれた

金峰神社には、多くの氏子たちの名が記されていて、かつての村の賑わいを伝えていた

事件の起きた郷集落

犯人の男が暮らしていた家にはなぜかトルソーが置かれていた。果たして、何を意味するのだろうか

は違うが、京都の古名である山城から取られているという。古い土地の名が塗り替えられるほど、平家の落人たちの数は多かったのだ。

　村史には平家の落人たちの悲しい伝説も収録されていた。長谷《はせ》の姥ケ峠《うばがとうげ》には平家八人塚という土墳があるのだが、その土墳は壇ノ浦《だんのうら》で入水した中納言雅頼《まさより》の子秋月丸《あきづきまる》が、この地に逃れてきた際、源氏の追っ手と戦い死んだ秋月丸の家来のものだという。八人塚のくだりを読んだ際、私はどきりとした。あの横溝正史の名作『八つ墓村』が頭をよぎったからである。『八つ墓村』は尼子《あまご》氏の残党が村人に殺される話だが、平安時代から戦国時代にかけて、今では過疎地となってしまった山間部の集落には、かつて多くの人々が暮らしていた。血塗られた話も少なくないのではないだろうか。

　郷集落で取材を重ねていくと、住民の男性が、平家の落人が逃れてきた際に休憩したという亀石という塚が残されていると教えてくれた。

　その場所は、すでに雑草に覆われてしまっていたが、こんもりとした塚があることだけは、わかった。

　八〇〇年という歴史は、遠い過去のようにも思えるが、ここまで伝承が残っていると、つい数年前の出来事のように思えてくるのだった。

潜伏キリシタンが建てた教会

中通島

（長崎県南松浦郡新上五島町）

看板は、密造酒を作ることを禁じるだけのものだが、葡萄と原料を特定しており、中通島にキリスト教徒がいかに多かったかを物語っているのだった。

長崎県の東シナ海に浮かぶ中《なか》通島《どおりじま》。五島列島のひとつとして知られ、江戸時代には多くの隠れキリシタンが暮らした。

私がこの島を訪ねたのは、キリシタンたちの痕跡を探りたいと思ったことと、昭和三〇年代に日本を震撼させた連続殺人事件の犯人が育った場所だったからだった。犯人の名前は西口彰という。彼のことについては、拙著『日本殺人巡礼』で詳しく触れているので、興味があれば是非手にとってもらいたい。

長崎港からフェリーに乗って、中通島に向かった。五島列島は東京を中心とすれば、日本の外れとなってしまうが、東シナ海というアジアの海の回廊を中心にすれば、

古代から日本の玄関口であった。その回廊によって、キリスト教も戦国時代に日本へと伝わった。

当初、キリスト教を伝えた宣教師たちは、南蛮貿易の旨味やヨーロッパの科学技術への興味から、日本各地の大名より布教を許され、キリスト教は燎原《りょうげん》の火の如く、日本全国に伝わった。信者の数は二〇万人とも三〇万人とも言われている。その後、江戸幕府はスペイン・ポルトガルの影響力が日本で強まることを警戒し、政策を一変させキリシタンを徹底的に弾圧したのだった。

江戸時代迫害にあったキリシタンとはカトリックの信者のことである。キリシタンたちは弾圧される中で、大きく二つのグループに分かれた。カトリック本来の教義が、迫害を強いられているうちに忘れられていき、仏教や神道と融合した独特の信仰を持つようになったのがカクレキリシタン。一方で、カトリックの教義を護り続け、明治になって禁教が解かれたとき、その信仰を公にした者たちを潜伏キリシタンという。

　カクレキリシタンの多くは、禁教が解かれてもカトリックには戻らず、独自の信仰に留まり続けた。今日、五島列島のある長崎県などで数多く見られる教会は、明治時代になって信仰が許された潜伏キリシタンたちによって造られたものである。中通島を歩いてみれば、潜伏キリシタンによって建てられた青砂《あおさ》ヶ《が》浦《うら》教会など明治時代の貴重な建築が多く残っている。

　中通島を初めて訪ねた際、青砂ヶ浦教会では夕日によって教会内に映し出される色彩鮮やかなステンドグラスを目にしたが、その色合いはどこか哀愁を帯びていた。

　教会のステンドグラスともうひとつ印象に残っているのは、バスの停留所で見た看板である。それは、時刻表の横に打ち付けられていて、赤茶けた錆《さび》が浮かんでいた。

〝ぶどうで酒をつくってはいけません　税務署〟

　葡萄でお酒といえば、何のことかわかるだろう。そうワインのことである。キリスト教の信仰とワインは切ってもきれない関係だ。「最後の晩餐」において、イエス・キリストは、一二人の弟子たちに、パンを自分の肉、ワインを自分の血だと言って、ともに食した。以来キリスト教徒にとって、パンとワインは信仰に欠かせないものとなった。

　バスの停留所に打ち付けられた看板は、密造酒を作ることを禁じるだけのものだが、葡萄とわざわざ原料を特定しており、中通島にキリスト教徒がいかに多かったかを物語っているのだった。

現場周辺地図

潜伏キリシタンたちの墓地は、海を見下ろす丘の上にあった

「ぶどうて酒」という言葉が、この島の歴史を今日に伝えている

教会の内部を眺めていると、キリスト教がいかにこの土地に根付いているのか実感できた

潜伏キリシタンたちの多くは、もともと中通島に暮らしていたわけではなく、江戸時代に長崎県の外海《そとめ》地方から入植した者たちだった。

江戸時代中期以降、五島列島では大虫害による飢饉が起き、農村の人口が激減する事態に見舞われた。その窮地を打開しようと、五島列島全体を治める肥前福江藩八代藩主五島盛運《もりゆき》が一七九六（寛政八）年、大村藩からの移住を奨励《しょうれい》した。その際、信仰を頑《かたく》なに護ってきた大村のキリシタンたちの間で、五島に行けば信仰の自由があるという噂が広まり、約三〇〇〇人の人々が海を渡った。

ところが、五島列島に移住したものの、漁獲量の多い入り江やわずかばかりの平地にはすでに先住者がいて、キリシタンたちには、山間にある猫の額《ひたい》ほどの土地か、漁業にもあまり向かない海辺の土地しか残されておらず、彼らは苦しい生活を強いられたのだった。
五島に渡ったキリシタンたちが、このような言葉を残している。

自然光が差し込み浮かび上がるステンドグラスの模様は、どこか物悲しい

〝五島は極楽　来てみて地獄〟

彼らの支えになったのが信仰であった。

時の流れの中で、五島列島は過疎化が進み、潜伏キリシタンたちの集落は、廃村となっているところが多々ある。廃村となった場所を訪ねてみた。そこは、薄暗い常緑樹の森の中を縫《ぬ》うように走る山道を登った尾根の中腹だった。

森の中に石垣がところどころに残されているが、建物はすでに朽ち果てていた。斜面をさらに登ると、いきなり樹林が切れて、約一〇〇メートル四方の開けた斜面に出た。そこはこの周辺に多く暮らしていた潜伏キリシタンたちの墓地だった。

墓地の跡には、この土地に生きたキリシタンの名が残されてい

墓地の最上部からは、海が見えた。キリスト教はその海を伝ってこの国へともたらされ、篤く信仰する人々を生んだ。この墓地に眠る人々は信仰によって救われたのか、苦しめられたのか、答えを見つけ出そうとしたが、堂々巡りを繰り返すばかりだった。

飢饉で全滅した三つの村

秋山郷

（長野県下水内郡栄村ほか）

ひとつの墓には一〇月三日という命日が刻まれていた。
秋に食べ物を収穫できず、
冬を前にこの人物は息絶えたのだろう。
私は名も知らぬ故人の墓標に手を合わせた。

息を切らせながら、ひとり尾根道を登っていた。その道は、江戸時代以前から秋山郷と下界とを結ぶ生活の道であった。今では、時おり山歩きを楽しむ人が足を運ぶだけだ。

聞こえてくるのは、私の足音と、ヒグラシのような物悲しい音を響かせているエゾハルゼミの鳴き声だけである。獣が出てこないか、不安になって、発作的に「ウオーッ」と声をあげる。熊やイノシシを避けるには、こちらの存在を知らせるしかない。雄叫《おたけ》びの効果があったのか、五〇メートルほど先でガサゴソと音がしたかと思ったら、暗灰色《あんかいしょく》をした一メートルほどのイノシシが背を向けて逃げていった。

私が向かっていたのは、かつてあった甘酒村《あまざけむら》という名の村である。名前の由来は、字のとおり、酒を作っていたことからついたそうで、何とも言えぬ生活の匂いが漂ってくる。今では廃村となってしまっているが、廃村となった理由は情緒ある名前とは対照的に極めて悲劇的である。江戸時代には飢饉が頻発したが、三大飢饉のひとつである天保の飢饉ですべての村人が飢え死にしたのだ。

尾根を二〇分ほど登り、平坦な場所に着いたと思ったら甘酒村の跡だった。ぽっかりと森が開け、水田が広がっている。水田を見下ろすように墓石が置かれていた。もともと墓石は周囲の森の中に放置されていたのだが、他の地区の

急な斜面の先に甘酒村があった

現場周辺地図

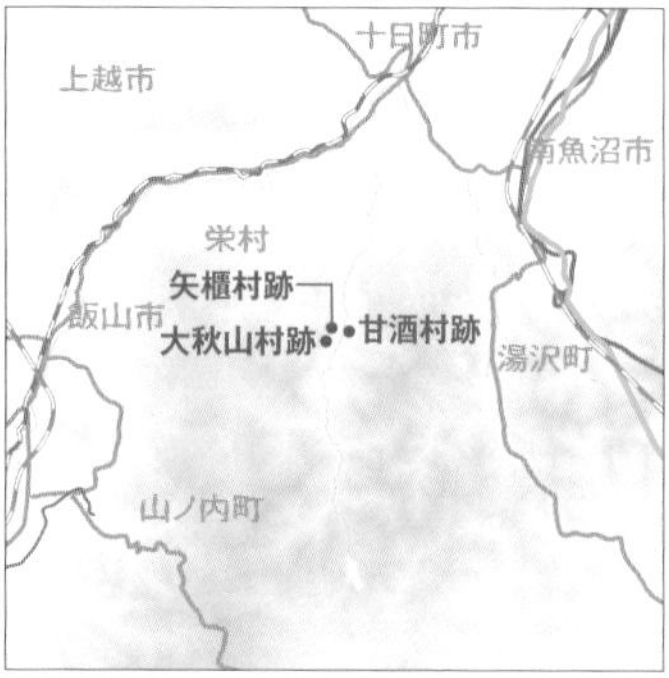

人々が霊を弔《とむら》うために一ヶ所に集めたという。この地で無念の死を遂げた人々は、初夏の爽やかな風に揺られる稲をどんな思いで見つめているのだろうか。

秋山郷で稲作が行われるようになったのは、明治時代に入ってからのことで、江戸時代には稗《ひえ》や粟《あわ》といった雑穀や蕎麦《そば》が主食であり、森林を切り開く焼畑によって日々の糧を得ていた。私は村の女性からこんな言い伝えを聞いていた。

「ちょうど飢饉の年のことだったそうです。秋山郷には雑穀や栃《とち》の実を混ぜて作ったあっぽという郷土食があるんですけど、甘酒村の人が、もう食べ物がないから、あ

甘酒村跡にある看板が悲惨な歴史を伝えている

新潟との県境に位置する秋山郷は、秘境という雰囲気に包まれていた

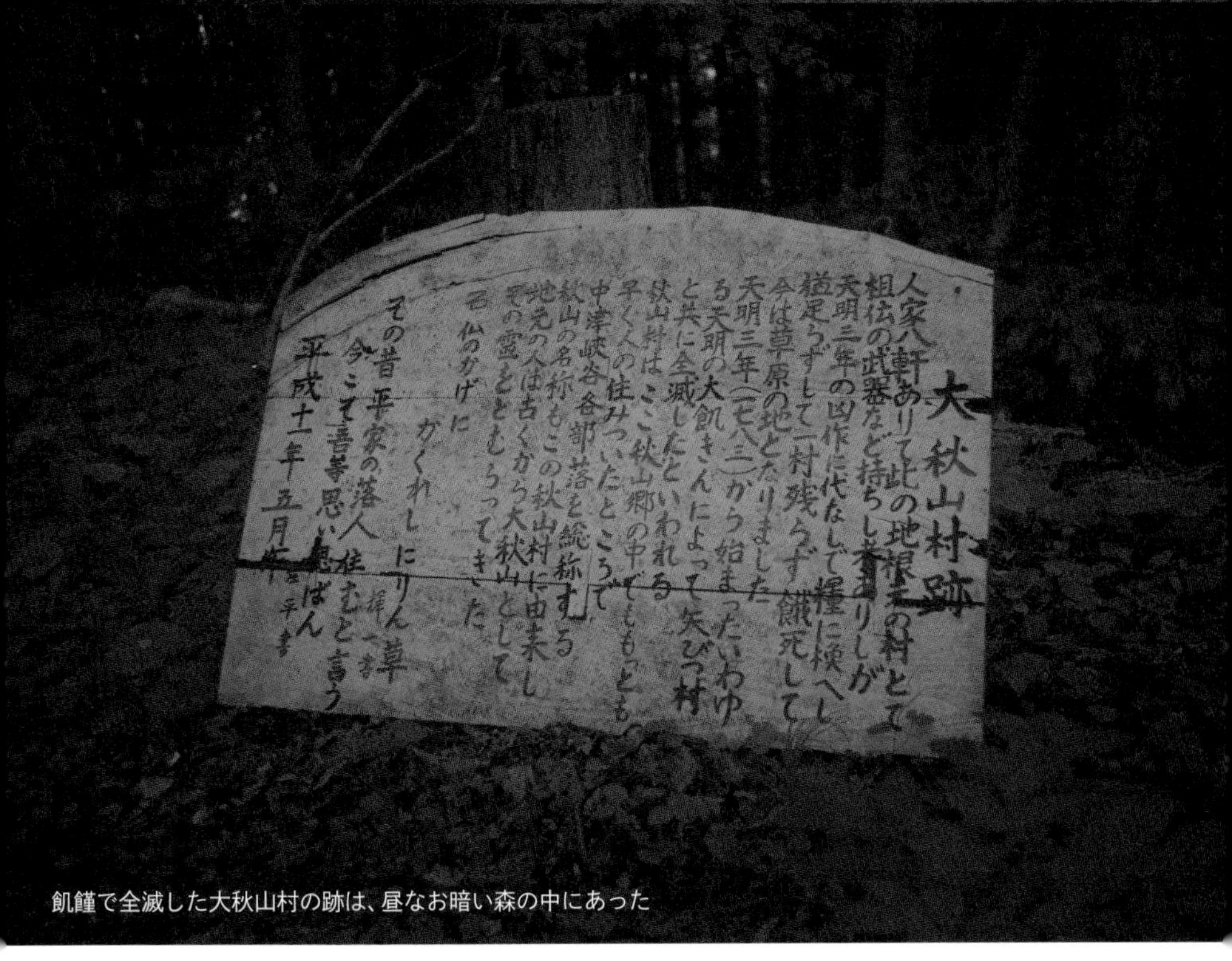

飢饉で全滅した大秋山村の跡は、昼なお暗い森の中にあった

8軒の民家があった大秋山村で亡くなった村人を弔う地蔵

っぽを分けてもらってきなさいと子どもに言ったそうです。その間に穴を掘って、子どもがあっぽをもらってきたら、半分あげるから穴の中に入りなさいと言って、生き埋めにしたそうです」

　家族が生き残るために子どもを殺めても、結局甘酒村は全滅してしまった。村のどこかに生き埋めにされた子どもも眠っている。この場所全体が墓地なのだ。

　秋山郷が世に知られるきっかけとなったのは、江戸時代に遡る。『北越雪譜《ほくえつせっぷ》』の著者として知られている鈴木牧之《ぼくし》が、一八二八（文政一一）年にこの地を訪ね『秋山記行』を著したことにある。鈴木牧之は、その時甘酒村にも立ち寄った。甘酒村には二軒の民家があ

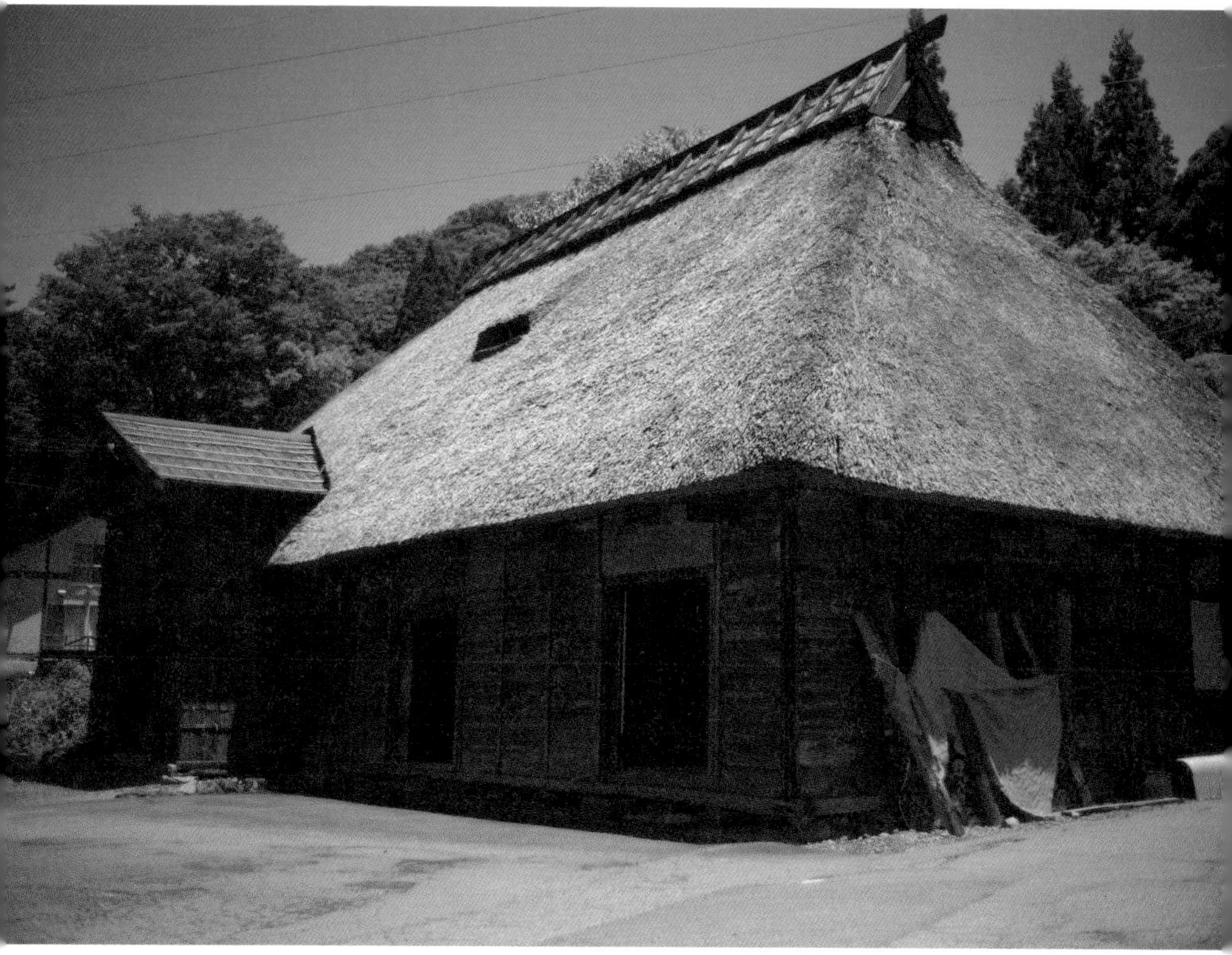

230年ほど前に建てられた福原家。飢饉に関する資料が展示されている

って、ひとりの女性と会話を交わしている。女性は牧之に「天明の飢饉では、大秋山村が全滅してしまったが、私の村は何とか大丈夫だった。食べ物にも困っていない」と言った。しかし、それから一〇年も経たぬうちに、甘酒村の人々はすべて亡くなってしまった。おそらく、牧之と話をした女性も飢饉で亡くなったことだろう。

　甘酒村が全滅したのは天保の飢饉であるが、それより五〇年ほど前の天明の飢饉でも、大秋山村と矢櫃村《やびつむら》の二つの村が全滅している。

　大秋山村は、秋山郷でも最初に人々が集落を形成した場所だったことから、大秋山と呼ばれていた。飢饉が発生した当時、八軒の家があったという。私はその場所へと

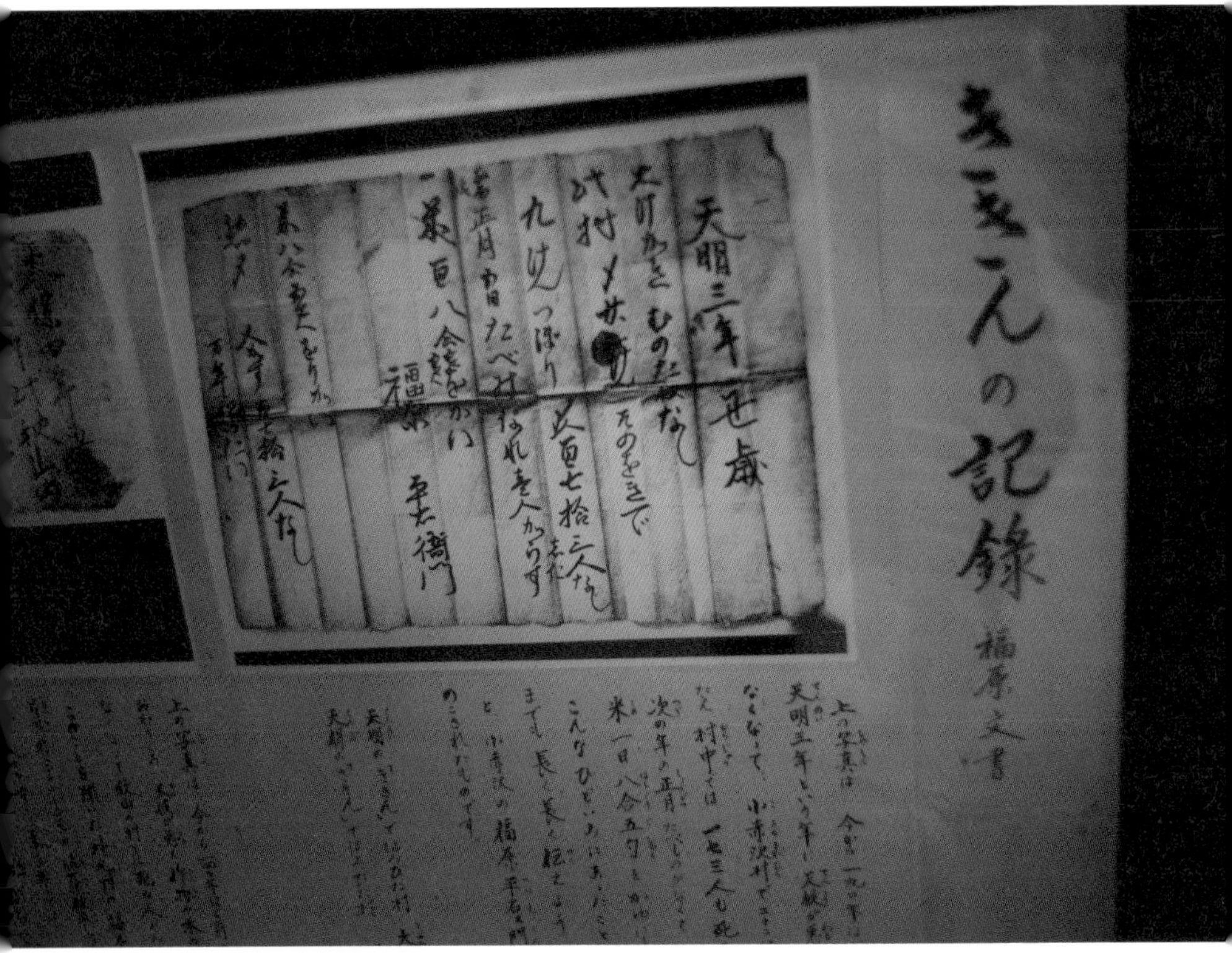

小赤沢地区にある福原家。飢饉の際、173人が亡くなったことを伝える資料

向かってみた。

薄暗い林の中の道を、三〇分ほど歩いていくと、かつての大秋山村の集落跡に着く。その目印は一ヶ所に集められた墓である。ひとつの墓には一〇月三日という命日が刻まれていた。天明の飢饉の際に亡くなった村人のものだという。旧暦の一〇月といえば、新暦でいう一一月下旬ぐらいのことだ。秋にほとんど食べ物を収穫できず、冬を前にこの人物は息絶えたのだろう。私は名も知らぬ故人の墓標に手を合わせた。

ここ秋山郷では、飢饉によって三つの村が全滅した。それ以外の地区でも、少なからぬ死者が出たが、かろうじて全滅を免《まぬか》れている。例をあげれば、天明の飢饉では、小赤沢《こあかさわ》地区で、二二軒のうち九軒が全滅し、秋山郷全体で一七三人が亡くなっている。天保の飢饉の際には和山《わやま》という地区で、五戸あった家が男女二人を除いて全滅している。この土地の人々は常に飢饉による飢え死にと隣り合わせの厳しい生活を余儀なくされていたのだった。

　大秋山村跡の近くに屋敷という地区がある。そこで九一歳になる老婆と出会った。昔の生活はどのようなものだったのか。

「昔は畑まで一時間半も歩かなきゃいけなかったから朝早くから家を出て、それから畑仕事をして、夕方家に帰ってきたら、石臼《いしうす》を挽いたりして、夜中まで働きどおしだったよ。田んぼはなかったからお米は食べられなかった。ここで田んぼを掘ったのは、戦争が終わってからだ。昔に比べたら、いい時代になったな」

　江戸時代の飢饉で最後に村人が死に絶えた時代から、二〇〇年近くの年月が過ぎた。飢饉という言葉は、歴史の中に埋もれているようにも感じるが、老婆の話を聞きながら、日々食卓に食べ物が並んでいることが当たり前ではないという思いを噛みしめたのだった。

福原家の壁に貼られていた神社の札。信仰の深さが窺えた

飢饉で亡くなった村人を弔う法要の様子

難破船と〝波切騒動〟

大王崎

（三重県志摩市）

九鬼城の切れ落ちた崖と海を挟んで、突き出た岬に白い灯台が見える。その灯台の存在が、この周辺が行き交う船にとって、難所であることを物語っていた。

少しばかり霞《かすみ》がかった青空の下に、大海原が広がっていた。私が海原を眺めていた場所には、中世から戦国時代にかけて、海賊として名を馳せた九鬼《くき》氏の城があった。城は波切《なきり》九鬼城と呼ばれた。

かつて鯨漁が行われていた時代、鯨の腹の中から出てきたという鯨石

海の事情に詳しくない私から見ても、城は海に突き出た岬にあり、行き交う船を監視し、隙《すき》あらば襲うにはもってこいの場所に思えた。

その九鬼城の切れ落ちた崖と海を挟んで、断崖に立つ白い灯台が見える。その灯台の存在が、行き交う船にとって、この周辺が難所であることを物語っていた。

私は、三重県の志摩《しま》半島から熊野灘《なだ》に突き出た大王崎《だいおうざき》にいた。

ここ大王崎は、古くから船乗りたちに難所として恐れられていたが、特にその名が知られたのは江戸時代のことだった。

幕府があった江戸は、一〇〇万人の人口を抱え、巨大な消費地であり、全国各地から生活必需品が運び込まれた。その中枢を担ったのが、経済の中心地であり生活物資が集められた大坂から江戸を結ぶ水運だった。当時、東海道は整備されていたものの、陸上による輸送は貧弱で、江戸の消費をまかないきれるものではなく、より多くの物資が運べる船が重宝された。

当時の船は、人力で風を頼りに航行するもので、大坂から江戸への片道、順調に航海ができて、三日から五日、風に恵まれなければ

現場周辺地図

一ヶ月近く要することもあったという。風を待つ船が停泊する風待ちの港が各地にできて、大王崎の周囲にも渡鹿野島や的矢《まとや》、安乗《あのり》などが風待ちの港として利用された。そこには海の男たちを慰める娼婦たちがいて、渡鹿野島のように今日まで続く色街の源流となったのだった。

大坂と江戸を結ぶ航海で、難所のひとつとなったのが、大王崎の周辺だった。そのことを物語る歌も残されている。

〝伊勢の神崎《こうざき》 国崎《くざき》の鎧 波切大王なけりゃよい〟

江戸時代の多いときで、年間で最大四〇〇隻ほどの船が江戸と大坂を行き来し、しっかりとした統計が残っているわけではないが、熊野灘で船が座礁《ざしょう》するなどの事故は、年間五〇回から六〇回発生したという。

船が座礁すると、積荷は座礁現場周辺の住民のものとなるのが通例だった。熊野灘だけでなく、やはり大坂と江戸を結ぶ航路の途中にある伊豆半島でも座礁事故は多く発生し、海辺に暮らす住民たちは、船が座礁しやすくなるナライと呼ばれる東南の風を喜ぶ風習があったという。

江戸時代を通じて、多く発生した座礁の中で、最も有名と言ってもいいのが、大王崎の背後に隠れるようにある波切村の人々が起こした波切騒動である。

騒動については『天保太平記』に収録されている波切騒動記をもとに記していきたい。

一八三〇（天保元）年九月二三日、大王崎の沖で幕府の御用米を運んでいた船が風雨によって、難破してしまった。その翌日、波切村の漁師が漁に出ると、沖合で大船が沈みかけていた。すぐに助けねばと何十隻と仲間を呼んで、大船に近づくと、船には人の姿はなかった。積荷を積んでいる大船を前に、集まった漁師たちは、何か持ち帰ろうという欲が出た。

漁に使う銛《もり》などで船の中を探ってみると、中には米俵があった。夜の間に米を盗み出し、村へと持ち帰ったのだった。

その翌年の正月五日、難破船の積荷について調べるため、信楽《しがらき》代官所から幕府の役人が波切にやっ

漁師から崇拝される波切神社。「わらじ祭り」で知られている

てきた。役人は日も暮れた夜の八時にやってきたこともあり、それを押し込み強盗だと疑った村人たちが、殺してしまう。

これにより、事件は大きなものとなり、代官所だけでなく、鳥羽藩の役人までも加わり、御用米を奪った漁民だけでなく、村の庄屋など五〇〇人が嫌疑をかけられ、三九人が江戸にまで連行された。最終的に獄門三人、死罪六人、遠島二人などに処されたのだった。

当時、民間の積荷を運んでいる難破船から積荷を取ることは、珍しいことではなかったが、御用米を運んでいた船、さらには取り調べに来た役人を殺したことが、事を大きくしてしまったのだった。

大王崎灯台のある岬の裏側は、

大王崎での海難事故は絶えず、大正時代には日本海軍の巡洋艦も座礁した

入り江になっていて、灯台側とは違って、穏やかな水面に覆われている。何隻もの漁船が係留されていて、のんびりとした空気の流れる漁村となっている。波切騒動はこの地区に暮らしていた人々を中心に起こされた。

私は、この土地で生まれ育った七〇代の男性に波切騒動について、何か知っているかと尋ねてみた。

「その当時は、食い物がなくて、村人たちは餓死寸前で、生きるために船から米を持ってきたと聞いていますけどね。幕府の船とはわからなかったという話です」

今から二〇〇年ほど前の事件ではあるが、地域の人々には、語り継がれている話なのだった。波切騒動には諸説がある。そのひとつ

大王崎周辺は、何度も津波にも襲われ、それがダイダラボッチ伝承として残る

が、船頭が大坂から江戸へと向かう途中、紀伊半島の寄港先で米を売りながら航海を続け、その不正が発覚するのを恐れて、偽装難破させたというものである。

果たして、真相は今でも闇の中なのだが、唯一確かなことは、ここ波切がかつては、農作物も満足に穫れず、漁業に頼り、時には鯨を獲り、生きてきた貧しい村だったということだ。難破船からもたらされる食料は村人の命を救ってきた。

華やかな町人文化が繰り広げられた江戸の周囲には、そのおこぼれに頼らざるをえない人々がひしめいていたことをこの土地から教えられたのだった。

本土決戦における重要拠点

館山湾

（千葉県館山市ほか）

この場所にも死を覚悟した若者たちがいたはずである。
その面影はどこにもなく、
ところどころ穴が空いたカタパルトだけが、
戦争の記憶を止めているのである。

千葉県南房総にある館山湾、夏真っ盛りということもあり、ビーチでは色とりどりの水着を着た子どもたちが賑やかな歓声をあげている。夏の風物詩ともいえる光景だ。しかし、今から七九年前の夏、華やかな砂浜は、明日をも知れぬ若者たちが生きていた戦場でもあった。私は当時の記憶を辿るために、館山湾を訪ねていた。

大東亜戦争末期の一九四五（昭和二〇）年初夏、すでに硫黄島《いおうとう》、沖縄は米軍の手に落ち、米軍の次の目標は日本本土への上陸だった。対する日本軍は首都東京を防衛するために相模湾に面する湘南や、東京湾に面する館山湾周辺などに陣地の構築を急いだ。それと同時

に、捨て身の特攻作戦も計画されていた。日本軍は飛行機による特攻ばかりでなく、様々な特攻によって不利な戦況の活路を見いだそうとしていたのだ。

魚雷を操縦し敵艦隊に特攻する回天、モーターボートに爆弾を積んだ震洋や陸軍のマルレ、潜水艇の海竜、さらには海中に潜った兵士が爆雷で米軍の上陸用舟艇の船底を突き刺す伏龍などが本土決戦で投入される予定だった。

伏龍を除く、震洋やマルレ、回天などはすでに実戦に投入されており、相手の警戒が薄い初陣では駆逐艦撃沈などの戦果をあげたが、その後、米軍がそれらの兵器に対しても厳重な警戒態勢を敷くようになると、軍部が思うような戦果をあげることは困難になっていった。それでも、本土決戦では特攻兵器は日本の沿岸に配備され、ここ館山でも米軍を待ち構えていた。

房総半島の南端にある洲崎《すのさき》灯台からほど近い場所に、波左間《はさま》という小さな漁港がある。背後には山が迫り、浜には小さな漁船が置かれていた。今では何気ない漁港に過ぎないこの港に、震洋を発着させるための、コンクリート製の護岸が残されている。護岸は、岸から数メートル沖にあり、潮が引いているときには歩いて渡れた。一見すると、漁船を発着させる護岸そのもので、戦争時代の遺跡には見えない。波左間漁港には震洋の護岸だけでなく、砲台構築のための物資を運ぶ、レールを敷いた轍《わだち》も残っていた。戦争遺跡が日常の中に点在している。港で護岸を眺めていたら、犬を連れ麦わら帽を被った地元の男性が歩いてきた。震洋の護岸について尋ねると、彼は当時のこと語ってくれた。

現場周辺地図

震洋を発着させていた護岸には、コンクリート製の杭が残っていた

浜から護岸を眺める。戦争遺跡だと知る人は少ない

畑の中にあるコンクリート製の桜花の発射台。終戦まで70機以上が実戦投入された

「小せぇときのことだけど、よく覚えているよ。震洋は小さな船だよぉ。ほら、そこの漁船ぐらいの大きさだったんじゃねぇかな」

　波左間港で出会った男性の名前は佐野欣二さん（当時八一歳）。彼が指差したのは五メートルほどの小さな漁船だった。震洋はベニヤ板製だったが、あの程度の大きさで敵艦隊に突っ込んでいく兵隊たちの気持ちとはいかなるものだったのか。

　波左間港には、当時真鍋康夫中尉率いる第五九震洋隊が駐屯していた。隊員の数は二〇〇名から三〇〇名ほどで、港の背後にある山裾に震洋を秘匿《ひとく》するための壕を掘っていた。戦後館山に上陸した米軍の記録によれば、一三の壕が掘

房総半島の南端、洲崎灯台付近にある震洋の格納庫

られていたというが、今現在目視できるのはひとつだけで、その壕もゴミや土が積もってしまっていて、当時の原型を止《とど》めていない。

「兵隊さんたちはよぉ、この辺の民家に泊まって、作業していたんだよぉ。みんな若い兵隊さんたちでなぁ。米軍が来たら、死ぬってわかってたから、昼間っから酒を飲んで酔っぱらっているのもいたよ。終戦間際になって壕ができて、訓練のため船を浮かばせたこともあったような気がするな。結局、戦争が終わって、兵隊さんに言われたんだよ、『お兄ちゃん、米軍が来たら、チンチン切られるから気をつけろよ』って。だから、トラックに乗った米兵を見たときは、一目散に逃げたのを覚えているよ」

震洋の格納庫内。日本各地に震洋の基地は作られた

当時の情景が浮かび上がってくるエピソードだ。兵士たちは終戦によって、出撃することはなかったが、もし本土決戦に突入していたら、間違いなく命を落としていた。そして、エピソードを語ってくれた佐野老人自身も米軍が上陸戦を行えば戦火に巻き込まれていただろう。そう考えると、歴史の歯車ひとつで目の前の情景や人物はころころと変化していき、人生そのものが幻のような感覚に陥るのだった。

房総半島は、本土決戦における重要拠点ということもあり、特攻兵器の拠点が各所に点在していた。特攻ロケットエンジンを積んだ特攻機桜花を発射させるカタパルトやそのレールも残っている。沖縄戦や

人間魚雷・回天の基地があった大房岬。今も遺構が残る

フィリピンですでに実戦に投入されていた桜花であったが、航続距離が短いため爆撃機一式陸攻の機体の下に搭載され、敵艦隊に近づき発射された。航行速度が遅い一式陸攻は敵航空機の餌食《えじき》となり、敵艦隊に向けて発射される前に桜花は一式陸攻もろとも撃墜されていった。ここ館山では、カタパルトから直接発射できるように改良された桜花が本土決戦に向けて配備されていた。

南房総市下滝田《しもたきだ》、桜花を発射させるカタパルトがある場所に足を運んでみた。夕暮れ時、山陰にある畑はすでに日が暮れかかり、カタパルトは勢いある夏の雑草に覆われていた。傍らの畑では女性が、畑仕事に勤《いそ》しんでいた。カタパルトの場所は、米軍の艦隊が現れる東京湾の背後にあたり、艦砲射撃から桜花を守るのに好都合だったのだろう。やはり、のどかな田園風景と七九年前の戦争がにわかに結びつかない。この場所にも死を覚悟した若者たちがいたはずである。その面影《おもかげ》はどこにもなく、ところどころ穴が空いたコンクリート製のカタパルトだけが、戦争の記憶を止めているのである。

桜花は米軍からバカ爆弾と呼ばれていたという。特攻専用に開発された兵器ゆえに、愚かだと感じたのだろうか。ただ一方で、バカ呼ばわりされた爆弾で、祖国を思い死んでいった若者もいた。

私は牧歌的な風景を前にして、今日の日本の礎《いしずえ》になった先人たちに敬意を払わずにはいられなかった。

震洋の格納庫に残る軍人による落書き

大房岬には回天を発射させるためのレール跡が残る

桜花のカタパルトは、東京湾に向けて一直線に延びている

古より遊女が集まる場所

青墓宿

（岐阜県大垣市）

私は、岐阜県大垣市青墓町にいた。
青墓には宿場があり、古代から中世にかけて、
傀儡女と呼ばれた遊女たちが暮らした場所だった。

濃尾《のうび》平野の北端、なだらかな山稜が迫った水田地帯にぽつんと「史跡の里」と書かれた白い木製の碑が立っていた。その碑がなければ、どこにでもある農村風景が広がっているだけで、この場所に史跡が眠っているとは気がつかないだろう。

私は、岐阜県大垣市青墓町《あおはかちょう》にいた。青墓には宿場があり、古代から中世にかけて、傀儡女《くぐつめ》と呼ばれた遊女たちが暮らした場所だった。

二〇〇〇年代の初頭から、日本各地の色街や色街跡を巡っているが、以前から訪ねたいと思っていたのが、ここ青墓だった。日本の色街の歴史を辿っていくと、戦国時代末期から江戸時代、近代にかけての色街の痕跡については、あ

る程度記録が残っている。ところが、古代から中世にかけては、歴史の霧の中に包まれてしまって、色街や遊女に関して触れている書物は、多くない。青墓が登場する資料のひとつは、鎌倉幕府の事績を記した『吾妻鏡』である。一一九〇（建久元）年、京都へと向かっていた源頼朝は、青墓宿に立ち寄り、青墓宿の長者である大炊《おおい》の娘に贈り物を渡している。長者とは、青墓にいる遊女たちをまとめていた者のことで、頼朝だけでなく、源氏とは代々縁が深かった。

頼朝の父親である義朝は、平治の乱で敗れると、大炊の娘で妾《めかけ》だった延寿《えんじゅ》という女性がいた青墓宿に逃れている。延寿との間には、夜叉御前《やしゃごぜん》という娘もいた。さらに頼朝の祖父為義は、大炊の姉を妾としていて、四人の子どもをもうけている。そう考えると、頼朝が贈り物を渡した大炊の娘は、妾だったのかもしれない。

ちなみに長者という呼称から、大炊は男性のような印象を受けるが、実際は女性だった。

繰り返すが、青墓という場所は今ではのどかな田園地帯である。それが、なぜ歴史上の人物たちと濃密な繋がりを持ったのか。

それは、青墓という土地が、古代の官道だった東山道の宿場であり、鎌倉時代には京都と東国を結ぶ街道が通り、江戸時代には、中山道が通っていたからだった。

青墓に遊女たちが集まったのは、古代から交通の要衝《ようしょう》として、多くの人々が行き交ったことにあったわけだが、そもそもこの土地に東山道が通ったのは、長良川《ながらがわ》、揖斐《いび》川《がわ》、木曽川《きそがわ》が複雑に入り組み、氾《はん》濫《らん》の危険性もあった濃尾平野で、山が背後に迫り、水難を避けられたことも大きな要因だった。

現場周辺地図

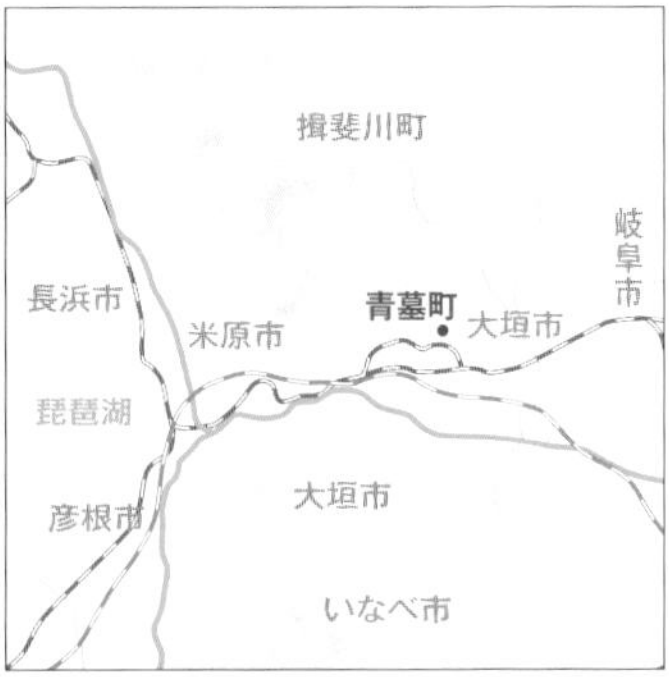

青墓だけでなく古代の官道沿い宿場にいた遊女たちは、傀儡女や白拍子《しらびょうし》と呼ばれた。平安時代後期の貴族大江匡房《おおえのまさふさ》は、『傀儡子《くぐつ》記《き》』という書物で、彼女たちについて記している。匡房は、武芸にも秀でていて、源義家の武芸の師

関ヶ原からも近い青墓は、古代から近世まで、日本の歴史と深い繋がりがあった

今ではのどかな田園風景が広がる青墓。かつては、遊女や武士が訪れ、戦乱の舞台にもなった

匠とも言われている。本が記されたのは、まさに青墓宿に傀儡女がいた時代のことで、大変貴重な資料である。

『傀儡子記』によれば、彼らは定住することなく、流離《さすら》って生活していた。男たちは狩猟を生業とし、操り人形をしたり、草木を鳥獣に変えたりする幻術もした。女は、赤い口紅を塗り、白粉《おしろい》を塗り、歌を歌って、淫らな踊りを披露し、男を誘った。旅人と一夜を共にすれば、高価な刺繍《ししゅう》の服などを対価としてもらう。

傀儡子は土地を持たず、土地を流離う。美濃や三河、遠江《とおとうみ》にいるものが一番多く、山陽の播州、山陰の但馬《たじま》が次いで、西海にはあまり多くない。傀儡女は特に芸能に

復興された円興寺。かつて寺は文化の中心であり、芸能者が集まる場所でもあった

秀でていて、名の知れた者もいる。彼女たちの歌の素晴らしさに感動しない者はいない。今様《いまよう》、田楽《でんがく》、神歌、辻歌、催馬楽《さいばら》など数えきれない歌がある。

傀儡子は、天幕と敷物を使った家に住み、北方の騎馬民族のようだとも匡房は書いている。それにしても、日本社会の中では異貌な人々だったことが窺える。彼らの生活様式から、傀儡女はインドを発祥とするロマなのではないかと主張する研究者もいる。ロマは、中東からヨーロッパ、さらには南米にもいるから、日本に来ていても何ら不思議ではない。果たして、どのような風体や顔つきをしていたのか、興味はつきない。

漂泊者だった彼女たちは、日本

という国が、人々を統治していく過程で、風のように消えていってしまったのだが、彼女らの残した痕跡は、芸能の中にはしっかりと残っている。

　青墓に織田信長によって焼き討ちに遭った円興寺という寺がある。平安時代に最澄によって開山された、歴史のある寺だ。現在の寺は、焼き討ちの後に再建されたものだ。

　寺はもともと、濃尾平野を見下ろす小高い山の上にあった。宗派を同じくする比叡山ほどの規模はないが、中山道を見下ろす要衝の地にあって、信長にとってもこの寺が目の上のタンコブだったことは容易に想像がつく。寺のあった周囲を歩いてみると、鬱蒼とした森となっていて、廃寺という雰囲気が漂っている。

　この円興寺に、傀儡女や白拍子が芸能民として抱えられていたという。体を売るだけでなく、流行歌謡を歌い舞ったりして、寺を普請する際の資金集めに協力したりしていた。彼女たちの芸は、当時の高僧や貴族たちを魅了し、邸宅に招かれたりすることもあった。中でも、彼女たちの芸を尊重し、記録したのが後白河法皇だった。今様を愛するあまり、当代の今様を集めた、『梁塵《りょうじん》秘抄《ひしょう》』を撰したほどだった。収められたものに、広く知られた〝遊びをせんとや生まれけむ〟がある。

　法皇の今様の師匠を務めたのが、青墓生まれの傀儡女乙前《おとまえ》だった。

　乙前が法皇の師匠となったのは、七〇代の頃のことで、八四才で亡くなるまで、十数年にわたって今様を伝授したという。

　法皇は彼女の死後、命日には必ず、今様を吟じたほどで、今様の師匠として、掛け替えのない存在だった。

　今日に今様が伝わっているのは、青墓の遊女が大きな役割を果たしたからだった。

　田園地帯を眺めながら、一〇〇〇年近く前の日本の風景を想像してみるのもいいのではないだろうか。

街道を往き来した傀儡女たちの記憶が青墓には宿っている

江戸時代の大阪にあった墓地群

大阪七墓

（大阪府大阪市）

大阪駅北口のグランフロントには、広場があって、家族連れや恋人たちが、時を過ごしていた。どれだけの人がここに墓地があったことを知っているのだろうか。

大阪の中心地梅田、ヨドバシカメラなどの商業施設が林立し、行き交う人の波は途切れることはなく、賑やかな場所である。JR大阪駅は西日本で最大の乗降客数を誇っている。大阪の玄関口と言ってもいい大阪駅ができたのは、明治のはじめのことだった。

江戸時代には、現在の梅田界隈からは想像できない、水田地帯だった

　開業当初から、梅田は賑やかな場所だったのではなかった。民家は少なく、田んぼが広がっていた。梅田という地名も田んぼを埋めたことから、その名がついたという。言ってみれば、大阪の中でも駅に利用できるほど広大な土地があったから、ここに駅が作られたともいえる。

　なぜ土地があったかというと、江戸時代には大阪駅の北側、以前の貨物駅のあたりには梅田墓という巨大な墓地だったからだった。時代を江戸時代から戦国時代に巻き戻すと、大阪の中心地は、石山本願寺のあった大阪城であった。現在のJR大阪駅の周辺は、大阪城の外縁部だった。地図を眺めてみれば、駅の南北に川が流れていて、広大な中洲のような地形で、土地も悪く江戸時代になって、少しずつ開発が進んだというが、有名だったのは、曽根崎《そねざき》新地ぐらいで、今日の大阪駅周辺からは想像できない侘《わび》しい土地だった。

　江戸時代の大阪には、梅田だけでなく、大きな墓地が七つあって、大阪七墓と呼ばれた。その場所は、梅田、遊廓で知られている飛田《とびた》、

現場周辺地図

なんばグランド花月などがあって賑わう千日前、行基によって開かれたという大阪最古の墓地南浜、日本一長い商店街として知られている天神橋にあった葭原《よしわら》、真田丸跡からほど近い場所にあった小橋《おばせ》、JR京橋駅近くにあって、当時の姿を今に伝えている蒲生《がもう》である。それらの墓地は、江戸時代のはじめに作られた。

　そのきっかけは、大坂夏の陣によって、荒廃した大阪の街を再開発したことにあった。大阪の街は城を中心にして、大坂三郷と呼ばれる町人が暮らす地域で形成されていた。墓地は大坂三郷に散在していたのだが、大坂夏の陣後の再開発によって、七ヶ所にまとめられた。

　それらの場所は、三郷の外れにある利用価値の低い荒地や河原などだった。

　私は梅田墓を歩いてみることにした。大阪駅の中央口を出て、五分ほど歩いた場所に一九七〇（昭

今も営業している飛田遊廓。色街となる前は、刑場もあった

和四五）年に開業した大阪駅前第一ビルがある。角ばったデザインが昭和の雰囲気を漂わせている。

当初、梅田墓は、江戸時代のはじめにこのビルのあたりに作られたという。周囲はビルが建ち並ぶ都市の景観そのもので、墓だったことを窺わせる遺物は何も残っていない。その後、一七世紀後半になって、墓は大阪駅の北側に移転した。現在、公園や新駅などができる再開発中の「うめきた2期区域」のあたりである。

兎我野の一角にある遊女の墓。近くには淀君の墓もある

　工事中ということもあり、その場所には立ち入ることができないので、JR大阪駅に隣接している大阪駅北口のグランフロントに向かった。グランフロントには広場があって、家族連れや恋人たちが、時を過ごしていた。どれだけの人がこの場所に墓地があったことを知っているのだろうか。

　二〇二〇年には、再開発中の「うめきた2期区域」から、大量の人骨が出土している。それらはもちろん、梅田墓に埋葬されていた人々のものである。出土の状況を伝える朝日新聞によれば、一五〇〇体以上の人骨に数珠玉、六文銭やかんざし、土人形など副葬品も数多く見つかったという。人骨の中には、子どもの骨もあり、「おはじき」も一緒に見つかった。骨は江戸時代から明治時代にかけてのもので、無縁仏だという。というのは、一八八七（明治二〇）年頃に、梅田墓の有縁墓は移転していることから、手を合わせる親族の途絶えた無縁仏だけがこの地に残されていたからだった。

大阪の墓地を語るうえで外せないのが、色街との関係である。梅田や飛田、千日前といった墓の周辺には、色街が形成された。墓というものが、都市の外縁部にあって、色街にするにはうってつけの場所だったからだ。

梅田墓の跡から歩いて、一五分

かつて立ちんぼが客を誘った、泉の広場

ほど行くと兎我野《とがの》という町がある。ラブホテルが建ち並び、夜になると立ちんぼたちが現れる。そして、二〇一九年から二〇二〇年にかけて、立ちんぼが六一人検挙された泉の広場があるのも兎我野の一角である。

大阪には、日本全国から色街が消えていく一方で、兎我野以外にも飛田墓のあった飛田遊廓には日本人だけでなく、外国人の姿も目についていて、観光スポットになっている。

泉の広場の上は、ラブホテル街となっていて、立ちんぼの姿を見かけた

都市が時代を経て、大きく発展したとしても、土地が経てきた歴史というのは、容易には変化しない。都市には陰と陽の部分があって、墓や色街は陰にあたる。この陰と陽のコントラストの強さが、大阪という都市の深みであり、文化の豊饒《ほうじょう》さを形作っている。

梅田墓や飛田墓は消えてしまったが、その源流は今も脈々と都市の風景の中に受け継がれているのだ。

自由に立ち入れない場所

津島村

（福島県双葉郡浪江町）

かつて暮らしていた住民の方々の一時帰郷に同行させてもらうと、田畑はどこにあるかわからないほど草木に覆われ、見る影もなく変貌していた。

高度の放射線による汚染のため、自由に立ち入ることはできず、本来の生活を取り戻す目《め》処《ど》が立たない帰還困難区域。そのひとつが、福島県浪江町津島である。

私が初めて浪江町津島を訪れたのは、原発事故から一ヶ月ほどが過ぎた、二〇一一（平成二三）年四月二一日のことだった。季節は春真っ盛り、ぽかぽかとして、たおやかな光が溢れる中、山村の風景が目の前に広がっていた。桜が咲き、田んぼのあぜ道ではツクシが芽を出し、一面を黄色く染めて菜の花が咲いていた。ただ、そんなのどかな景色の中に何かが足りない。本来暮らしているはず人の姿が見えなかった。そして、生活

音がせず、風の音だけが耳元を通り過ぎていった。村の風景は、人の匂いが消えて、現実離れした雰囲気を漂わせていたのだった。

あれから一〇年以上の年月が過ぎた。人のいない景色は当時と変わらぬままだが、私が目にした春の景色は、もう見ることができない。その土地に暮らす人々が常に自然に手を入れないと、里山の景色はすぐに雑草や木々に覆われてしまい、簡単に荒れ果ててしまうものなのだ。

浪江町津島にかつて暮らしていた住民の方々の一時帰郷に同行させてもらうと、田畑はどこにあるかわからないほど草木に覆われ、見る影もなく変貌していた。

かつての水田は、人の手が入ら

ず、いつの間にか柳やススキ、セイタカアワダチソウに覆われて、まったくの荒れ地となってしまっていた。

　畑にしても田んぼにしても、もともと林や荒れ地だったものを人々が何世代にもわたって、木を伐り、石ころをどかして、造り上げた人工物である。それが何千年前か何百年前かはっきりした年代はわからないけれど、ともかくとてつもない時間をかけて今日まで受け継がれてきたものだ。どこにでもある見慣れた農村の風景も人の手が入らないと、すべては自然に戻っていく。

　自然に帰れだとか、自然を大切にと言うけれど、都市の生活だけでなく、農村の生活も、人の営みというのは、自然と対峙して来てきた歴史なのだとこの時思った。村の里山の風景というものも、人の手が入らないと死んでしまうか弱い生き物なのである。

　人々がいない景色は、今回の原発事故以前にも津島には存在した。それは津島だけでなく、東北地方のいくつもの地域でも起こったことだが、江戸時代に発生した飢饉である。

　この本の中でも取り上げているが、特に飢饉がひどかった青森県などでは人肉を食ったとの伝承が残るほどだった。飢饉は多くの厄《やく》災《さい》を東北の地にもたらした。ここ津島もその例外ではなかった。江戸時代、津島は相馬《そうま》藩と三春《みはる》藩とに分かれていたのだが、当時の記録によれば、天明の飢饉のときには、津島では三分の二の人が亡くなり、今でも地名が残る広谷地《ひろやち》や羽附《はつけ》では村人が餓死したり、逃亡したことにより、地区が全滅してしまった。

　そうした人々を弔うために津島の山林の中には、誰が建立したのか定かではない野仏や墓がいくつもある。南無阿弥陀仏と書かれた石碑は、飢饉などで亡くなった人を弔うものだと言われている。墓に関しても、飢饉により村がなくなったことで、誰も手を合わせる者がいなくなり、森の中に残され

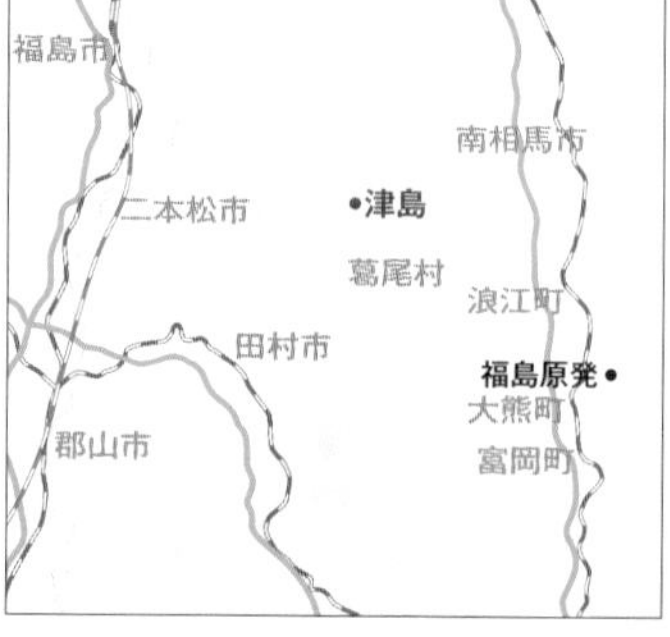

現場周辺地図

人が住まなくなると、風景はすぐに荒廃してしまう

たものもあった。

　村人が全滅した地区には、北陸からの移民が奨励された。なぜ北陸かというと、浄土真宗の信者が多かったからだ。彼らは信仰心から間引きを行わず、北陸地方では人口が増加し、土地が不足していたことも大きな理由だった。

　江戸時代には、幕府の政策によって天領以外の移民は禁止されていたが、浄土真宗の門徒たちは、親鸞《しんらん》の旧蹟を訪ねるといった名目で通行手形をもらい、故郷を離れた。彼らは天明の飢饉によって、荒廃した山村に入植し、私が見た美しい里山風景の原型を作り上げたのだった。

　さらに時代が下ると、津島には戦後になって満州からの引揚者たちも入植した。彼らは、国策で満州へと渡ったものの、日本の敗戦によって土地を失い、再び一から津島周辺の未開拓の土地を切り開いたのだった。そのうちのひとつが広谷地という場所で、開拓の歴史を伝える石碑が立っている。

　それによれば、一九四五（昭和二〇）年から開拓がはじまり、笹小屋に暮らしながら、農地にするため大石や木の根と格闘し、一九五二（昭和二七）年になって払い下げを受け、電気が通ったのは、一九五九（昭和三四）年のことだった。

　高度経済成長に日本が突き進む一方で、津島の開拓地では第一回の東京オリンピックの五年前になってやっと、電気が灯った。

　この土地に暮らした人々が何世代にもわたって築いてきたものが、村の風景であった。それが二〇一一年の原発事故により、一瞬にして消えた。

　原発は人が心地よく暮らすために生み出された装置のはずなのだが、それすらもまともに制御できないほど、我々が築いてきた文明とは脆《もろ》いものなのだ。

　消されてしまった村の歴史を知ると、私たちの日常もいつ何時消えてしまってもおかしくないことを思い知らされた。

おわりに

文章や写真を生業としながら思えば三〇年近くが経とうとしている。これまで、海外や日本の各地を気ままに旅してきた。

さしたる実績をあげることとなく、数々の恥をこれまで晒しながら生きてきた。若かりし頃、アジアを旅しながら、このまま日本に帰らないで、現地で暮らしたいなと何度も思った。実際に何か仕事はないかと現地在住の日本人に真剣に相談したこともあった。

私の二〇代から三〇代は、仕事というのは建前で、日本ではないどこかを求めて、流離《さすら》っていただけだったようにも思える。私は、特に東南アジアのタイがお気に入りの土地だった。現地の女性に惹かれただけでなく、時が止まったような雰囲気に居心地の良さを感じた。

結局は、東南アジアに長く滞在はしたものの暮らすことはなく、年を重ねるごとにそんな気も薄れていった。それと同時に、生まれ育った日本という土地を巡りたいという思いが芽生えてきた。それが、この本をまとめたいなと思った理由のひとつである。

なぜ、そんな気になったのだろうか。海外への旅を続ける中で、日本人であることを意識するようになり、日本という国を見つめ直したいと思ったのかもしれない。

今回は、四〇代から五〇代にかけての自分探しの旅でもあった。道の途上で感じたのは、年齢を重ねれば重ねるほど、同じ景色を眺めていても見えてくるものが違ってくるということだ。旅において、知識は時に、邪魔な存在でもあると思うのだが、歴史を巡るという今回の旅においては、必要不可欠なものだった。

旅の糧となった知識を得るために、先人たちの著書だけでなく、ネットでの情報、過去に掲載された雑誌や新聞の記事などを参考にさせていただいた。訪れた先々では、地元の方々に貴重なお話、取材へのヒントなど多くの手助けをしてもらった。

歴史の中に埋もれた事象を辿りながら、消えてはいない日本という国の素晴らしさを感じずにはいられなかった。

この本をまとめるにあたって、辰巳出版の小林智広氏、デザイナーの勝浦悠介氏にお世話になりました。ありがとうございました。

文・写真
八木澤高明（やぎさわ・たかあき）
1972年神奈川県横浜市生まれ。ノンフィクション作家。写真週刊誌カメラマンを経てフリーランスとして執筆活動に入る。世間が目を向けない人間を対象に国内はもとより世界各地を取材し、『マオキッズ　毛沢東のこどもたちを巡る旅』で第19回小学館ノンフィクション大賞優秀賞を受賞。著書に『黄金町マリア』（亜紀書房）『花電車芸人』『娼婦たちは見た』（角川新書）『日本殺人巡礼』『青線 売春の記憶を刻む旅』（集英社文庫）『裏横浜 グレーな世界とその痕跡』（ちくま新書）などがある。

制作スタッフ
デザイン　勝浦悠介
地図制作　株式会社周地社

忘れられた日本史の現場を歩く
2024年6月5日　初版第1刷発行
2024年11月15日　初版第2刷発行

著者　八木澤高明

発行人　廣瀬和二
発行所　辰巳出版株式会社
〒113-0033
東京都文京区本郷1丁目33番13号 春日町ビル5F
TEL　03-5931-5920［代表］
FAX　03-6386-3087［販売部］
URL　http://www.TG-NET.co.jp

印刷・製本　中央精版印刷株式会社

ISBN 978-4-7778-2461-8 C0021